徐偃王与龙游

徐金渭 著

浙江工商大学出版社
ZHEJIANG GONGSHANG UNIVERSITY PRESS
·杭州·

总序一

　　早就听说龙游是一个历史悠久的古县，有着深厚的文化积淀。到龙游工作后，随着了解的深入，我对这个城市有了深刻的印象。这里有将近一万年前人类生活的遗址；春秋时期是姑蔑国的中心区域，现在的县城就是当时的姑蔑城所在；秦始皇统一六国之后，在姑蔑地建大末县，成为浙江省境内最早设立的县治之一，屈指一数，建县历史已有 2200 多年。

　　历史悠久，文化积淀当然丰厚：一大批凝聚着龙游人民智慧和汗水的地方戏曲、民间舞蹈、匠作工艺、民俗饮食等地方文化结晶，演绎了独具魅力的龙游区域文化。千古之谜龙游石窟，为龙游一方故土增添了神秘色彩。龙游民居苑古建筑，见证着龙游商帮的历史荣耀，讴歌了"无远弗届"的创业精神，谱写了"遍地龙游"的千古佳话。傍着县城东流的衢江，曾是历史上的一条交通干线，有不少骚人墨客，受龙游山水风光的感染而写下锦词丽句，使得这段水道成了历史上又一条"唐诗之路"。2018 年，更有建于元代的姜席堰入选世界灌溉工程遗产，再一次证明了龙游人民改造自然的优良传统和不凡的创造能力，成为龙游地方文化的又一张"金名片"。当我在加拿大萨斯卡通现场接过"世界灌溉工程遗产"牌匾之际，一种自豪感油然而生，我为龙游骄傲，为龙游人民骄傲。

　　龙游的历史上，曾有《文心雕龙》的作者刘勰、"初唐四杰"之一的杨炯、抗金名将宗泽等在此任地方官，也涌现出不少出生龙游、名载史籍的文化名人，如南朝以"箬叶学书"传为佳话的学者徐伯珍、唐代诗人徐安贞、宋代"南渡名宰"余端礼、元代天文奇才赵友钦、明代天台宗师释传灯、近代方志学家余绍宋、革命战士兼学者的华岗等，为我们留下宝贵的精神财富。更有无数龙游先贤撰著了一批儒学、宗教、天文、历史、医学、工器、类书等方面的著作，创作了大量立意深远、讴歌家乡山水风光的诗词歌赋。这一切，为这片古老大地赢得了"儒风甲于一郡"的美誉，既是无比珍贵的文化遗产，也是我们回顾历史、开展地方文化研究的水之源、木之本。由于时空更迭、沧海桑田，不少珍贵的文化遗产已湮没在历史的尘埃之中，留存至今的也被深藏于国内外各图书馆的善本书库之中，在我们龙游，反而是难以寻觅了。

文化是一个地方的血脉渊源和精神家园，为此我们遵循党的十九大精神，本着传承优秀文化，增强文化软实力的初衷，启动了龙游文库文化工程。一方面是通过历史文献的整理重印，让这些古籍回到家乡，使龙游百姓和后代子孙得以亲睹先贤著作，使尘封已久的文化瑰宝为现实的生产建设提供丰富的精神食粮，使人民看得见历史、记得住乡愁。我们通过影印本的形式，在国家图书馆出版社的支持下，《龙游历史文献集成》8函74册古籍已于2017年得以重印出版。另一方面，一些比较重要的前贤诗文集和各种旧县志，为了方便大家阅读，县史志办公室进行点校整理，由中华书局出版发行。

文化需要传承，更需要创新。龙游文库文化工程的历史文化研究系列，重点围绕新时代改革发展的大环境，编著出版一批新的地方文化著述，以新视野、新观点、新角度，赋予龙游地方文化新的内涵。通过梳理完善，将原先分散的文化亮点串连起来，使龙游的文脉更加完整更加清晰，从而发挥整体效应和时代效应，紧密结合社会主义核心价值体系建设，坚定发展信念，为全县经济社会科学发展注入新的活力，凝聚更多文化认同，汇聚更大精神力量。

习近平总书记说："坚定文化自信，离不开对中华民族历史的认知和运用。历史是一面镜子，从历史中，我们能够更好看清世界、参透生活、认识自己；历史也是一位智者，同历史对话，我们能够更好认识过去、把握当下、面向未来"。我相信，通过《龙游文库》

这个载体，对龙游地方文化全面、系统、扎实的整理和研究，必将有效提升龙游文化软实力，助力区域明珠型城市建设，为全面建设"活力新衢州、美丽大花园"做出贡献。对此，我愿与各方关注龙游文化的有识之士共勉。是为序。

中共龙游县委书记 刘晓明

2019 年 1 月 18 日

总序二

　　龙游，历史悠久、人文荟萃，素有"姑蔑故都、万年文明"之誉。源远流长的历史，留下了丰厚的文化积淀。从史前文化到古代文明，从近代变革到当代发展，龙游历经千百年的传承与创新，形成了具有鲜明龙游特色、深厚历史底蕴、丰富思想内涵的龙游商帮、姜席堰等一批地域文化，这是龙游人民共同创造的物质财富和精神财富的结晶，是龙游文化发展的动力和源泉。

　　习近平总书记曾指出："从区域文化入手，对一地文化的历史和现状展开全面、系统、扎实、有序的研究，一方面可以借此梳理和弘扬当地的历史传统和文化资料，繁荣和丰富当代的先进文化建设活动，规划和指导未来的文化发展蓝图，增强文化软实力，为全面建设小康社会、加快推进社会主义现代化提供思想保证、精神动力、智力支持和舆论力量；另一方面，这也是深入了解中国文化、研究中国文化、发展中国文化、创新中国文化的重要途径之一。"我们今天实施龙游文库的编撰工作，其目的和意义也在于此。

　　如何让龙游历史文化的深厚底蕴、优良传统为当代所用，为县域发展服务，这是历史传承给我们的一项艰巨任务，也是历史赋予我们的一项神圣使命。在这件工作上，时代是出卷人，我们是答卷人，人民是阅卷人。2014年，龙游文库编写工作正式启动，它将深藏于国内外各图书馆中涉及龙游历史的古籍进行收集、整理，或影印，或点校，采用适合当代人阅读的方式进行系统出版，此为文献整理；同时又组织县内外的专家学者，对历史文化中的重点领域进行课题式研究，此为专著编撰。

这两大类书籍的出版，必将丰富、发展龙游文化的外延，进一步增强龙游文化的创新能力、整体实力、综合竞争力，发挥文化在促进龙游经济、政治和社会建设中的作用，这是当今龙游人的文化自觉和责任担当，具有重要的现实意义和深远的历史意义。

文章合而时为作。《龙游文库》的编撰，是对龙游区域文化历史和全景风貌的展示，既能让人看到文化发展脉络的延续，同时也能让人感受到它的发展方向，因此，文库在史料性、知识性、学术性、创新性、时代性、可读性等方面都要有所体现，其编撰难度可想而知。我来龙游后，抽空也认真阅读了一些有关龙游历史文化的书籍，真切地感受到大家对龙游文化的热爱，以及编写者对历史的高度负责态度和严谨学术精神。正是有这样一批辛勤奉献的文化人，才使龙游的历史文化得以精彩地展现，也正是有史志办等相关部门的共同努力，才会使龙游文库变得更加厚重丰实。当然，总体来说我们的研究还刚刚起步，面对万年龙游的深厚积淀，还需要一个持续、长远的坚持。同时，也由于研究力量相对薄弱，完成时间相对紧张，一些作品中难免还有一些失漏、讹误等遗憾。对于这些问题，也希望广大学者和读者能够批评指正。相信，随着研究力量的增强和研究水平的提升，龙游文库的作品一定会越来越好。

当前，龙游文化建设正站在一个新的历史起点上，面临千载难逢的机遇，也面临十分严峻的挑战。如何抓住机遇，迎接挑战，始终保持龙游文化旺盛的生命力，真正走在衢州乃至全省的前列，力争上游，是需要我们认真研究、不断探索的重大课题。我们要以习近平新时代中国特色社会主义思想为指导，以更深刻的认识、更开阔的思路、更有力的措施，大力推进龙游文库研究工程，努力实现在文史研究上"多作贡献、走在前列、当好表率"。

奋斗创造幸福，实干成就梦想。我们期待有更多的优秀成果问世，以展示龙游文化的实力，使龙游文化强县建设更上一个新的台阶。

中共龙游县委副书记
龙游县人民政府县长

2019 年 1 月 18 日

自　序

　　我发愿致力于徐偃王文化研究，原因何在？是不是姓徐的缘故？对此，我的答案有两个：不是，是。

　　我起愿做这项工作，不是因为自己姓徐。我生长在浙江省衢州市衢江区农村，自1984年学校毕业被分配到刚恢复县建制的龙游从事新闻工作，迄今已逾三十年。初到龙游，我便听说了徐偃王，自此存于心而不忘。20世纪后期，龙游县农村各地如雨后春笋般出现了供奉徐偃王的庙、殿，而这许许多多庙、殿都是曾经存在并辉煌过的（历史上存在过的徐偃王庙还有很多很多）。我感动于徐偃王的仁义崇高，在龙游大地具有"春风吹又生"的顽强的生命力。我认为，在龙游民众祖祖辈辈传承的文化中，徐偃王的仁义思想根深蒂固，不可撼动，而这种以仁义为核心的文化是弥足珍贵的，下功夫进行系统的挖掘、整理、研究也是十分必要和重要的。完全能够肯定地说，徐偃王的仁义在龙游是一种全民的"基因"。从这个意义上来说，我不是因为姓徐而投入徐偃王文化的研究工作，而是认为从尊重民间文化，使之世代相传的角度来说，这项工作必须做起来。

　　我姓徐，以始祖为徐偃王而感到自豪和骄傲，因而自认为作为徐偃王的后裔对于徐偃王仁义文化的研究应当多些担当、多尽些责任和义务。徐偃王庙、殿是各地民众的精神寄托所在，也是徐偃王仁义文化存在和传承的载体，但我认为更应当让民众认识到徐偃王是谁，为什么要供奉徐偃王，从祭拜徐偃王的过程中应当汲取什么样的思想和精神。我自是才疏学浅、孤陋寡闻，然而仍不辞辛劳而不自量力撰写这部书，其意也希望起到正本清源的作用，从而推动徐偃王仁义文化的健康发展和发扬光大，以为如此方可使徐偃王仁义思想根植人心从而让仁心永固发挥促进社会和谐的功效，也以为如此可使徐偃王仁义文化成为一种闪耀着熠熠光辉的引人瞩目的文化品牌。

数千年的传承、变迁，徐偃王在民间已然有所异化。我在上山下乡采集资料的过程中认识到了这个问题。仅是徐偃王的称呼，在民众中就有徐王、徐皇、徐王太子、徐皇太子、徐皇大帝、徐皇帝、徐皇老佛等等。而太子身份则有二，一即偃王，一为偃王之子，这大抵跟偃王藏玺研鱼剑于衢江之畔，其三子明守护此剑的传说有关。庙里所供太子系偃王还是偃王之子，我以所供奉塑像是否缺一只手识别之。岁月沧桑，历经风风雨雨的冲击，如今在民间人们对徐偃王的认知是模糊的。至于为什么要供奉徐偃王，大多只是因为历史的传承，即以前就有庙、殿供奉这尊神。有鉴于此，还徐偃王本来面目，普及徐偃王知识、推广徐偃王仁义文化就显得很重要。

徐偃王是人乎？是神乎？是圣乎？在民众心中，徐偃王是人，有七情六欲、喜怒哀乐；徐偃王是神，具无边法力而惩恶扬善；徐偃王是圣，以慈悲之心、仁义之德普济众生。在民间走访过程中，我忠实地记录了有关徐偃王的种种传说和灵异事件，这是对民间文化的尊重。人们尊奉徐偃王是有理由的，一个个故事传说和从古代人们的认知能力看属于荒诞而难经推敲的种种"灵异事件"便是民间尊奉徐偃王的理由，换言之这是民众尊奉徐偃王的基石。惜乎，我着手从事这项工作已晚，一位位老人的离去也带走了一个个传说故事，否则本书内容会更丰富也更精彩。这是一件憾事，我所做的只是"亡羊补牢"而已，然而"羊"失已多。"补牢"也好，"捡漏"也罢，尽心力能收集到多少是多少，这总胜过任由流传千百年的故事传说消失殆尽而至一无所有。出于珍惜残存资料的考虑，我很认真地记录整理能采集到的任何一个传说故事，并收录书中，哪怕有的传说故事显然荒诞不经，不堪推敲。

做这件事很辛苦。徐偃王是三千年前的人物，历史悠久导致所留存的资料稀缺，同时，数千年来又演绎出不可胜计的材料，挖掘、对比、考证、甄别这庞杂的材料以去伪存真，便是一项极其烦琐的工程。在走访时，了解各庙、殿的前世今生和民间传说也殊为不易，民众所述往往语焉不详。凭我一己之力，要搞清楚所有问题是困难的，因而这部书中仍存在许许多多的"谜"，尚待更多资料的发现以更正、补充、完善。作为徐偃王文化系统研究的开端，此书或能为日后有志者进一步研究保存一些资料，聊作抛砖引玉，如此而已。

　　本书终于完成了，除了自己付出三年多时间的努力，更仰仗各方人士的援手。在采集资料的过程中，我得到社会各界人士热情的、周到的帮助，比如我不会开车，是各地领导、朋友带着我东奔西跑，只此便可见一斑，在此诚致谢意！在本书出版过程中，我得到多方有关人士的鼎力相助，在此诚致谢意！

徐金渭

目　　录

追本溯源

赫赫庙宇

诗文选录

祭祀典礼

追本溯源

历史悠远，资料匮乏，竭力厘清徐国、徐偃王之原貌。
江南徐氏始祖，或应为元洎。

徐　国

华夏大地，曾有徐国，几乎与夏、商、周三代相始终，约历一千六百年。存在时间如此之长的诸侯国，实为罕有。徐国自立国至亡国，与中国历史上诸多重大事件密切关联。

伯益助禹治水与若木得国

尧帝时代后期，洪水泛滥，浊浪滔天，人为鱼鳖，百兽匿踪。舜继位，命禹整治水患。禹吸取前人治水教训，以堵疏结合、以疏为主的方法，将洪水引入江河，再导百川入海。他夜以继日地奔波，三过家门而不入，历时十三年终于控制、平息了肆虐的水灾。其间，东方部落首领伯益助禹治水。《列子》说："大禹行而见之，伯益知而名之。"《论衡》则说："禹益并治洪水。禹主治水，益主纪异物，海外山表，无远不至，以所闻见作《山海经》。"伯益在治水过程中熟悉了各地地理物产风情，传说他据此写成了我国第一部百科全书《山海经》。治水大功告成，舜帝论功行赏，禹实话实说："非予能成，亦大费为辅。"于是舜帝就奖励伯益，"其赐尔皂游"，并"妻以姚姓之玉女"，即赐予黑色飘带挂在旗子上，这是一种荣誉待遇；还将本家宗族姚姓女嫁给伯益为妻。之后，伯益为舜帝驯养管理鸟兽获得成功，得舜赐姓嬴。《国语·郑语》说："伯翳能议百物以佐舜者也。"在远古，动物是人类重要的食物来源，而人类与鸟兽如何和谐相处也是一个重要问题，因此能胜任畜牧场场长或农牧部部长之职的人是非常了不起的，而伯益就承担了这个重任。

《史记·秦本纪》："大费与禹平水土已成。帝赐元圭,禹受之曰'非予能成,亦大费为辅'。帝舜曰:'咨!尔费赞禹功,其赐尔皂游,尔后嗣将大出。'乃妻以姚姓之玉女。大费拜受。佐舜调鸟兽,鸟兽多驯服,是为伯翳,舜赐姓嬴氏。"按此,似是大费在做了成功的鸟兽驯师后才又得名伯翳。伯翳,为黄帝裔孙,亦作柏翳、柏益、伯益,应是各典籍写法的不同。综合《山海经》《国语》《史记》等典籍所记载,试作谱系:

黄帝——少昊——蟜极——卷章——回——陆终——黄云——熊启——女修(一说夷)——皋陶——伯益。

此中女修为颛顼之裔,颛顼则为黄帝另一子昌意之子,位列"上古五帝"(上古五帝,说法之一为:黄帝、颛顼、帝喾、尧、舜)。据《史记·秦本纪》:少昊之裔娶颛顼之裔女修,"女修织,元鸟陨卵。女修吞之,生子大业。大业娶少典之子曰女华,女华生大费"。这段记载中,"少昊之裔"是谁、第几代孙,以及女修为颛顼第几代孙女,皆无考。皋陶,中国司法鼻祖,在尧和舜时期任士师、大理官,即司法长官,位列"上古四圣"(上古四圣:尧、舜、禹、皋陶)。另有一说,伯益为黄帝第六代后裔(以黄帝为第一代):

黄帝——少昊——蟜极——业父——大业——伯益。

远古之谜,众说纷纭,姑且存疑。

后来禹继舜为天子,东巡时崩于会稽(今浙江绍兴),遗命授天下于伯益。伯益谦让,归政于禹之子启,自己避居棋山之北(今山东省莱芜市钢城区里辛镇有棋山)。后来启自立为天子,废禅让制而开启世袭制,"天下为公"也便成了"家天下"。启慑于伯益威望,"越六年",谋杀了伯益以绝后患。伯益有二子,为大廉、若木。为笼络人心,启一方面以高规格礼仪厚葬伯益,一方面封伯益次子若木于徐地建徐国。另一说,迫于伯益余威,是仲康帝封若木于徐。此说有其合理性:启为天子,有扈氏即反叛;启之子太康即位,也为东方有穷氏部落首领后羿所杀,史称"太康失国";仲康坐上天子宝座,懦弱无能,为得到更多的拥护,乃封向来支持帮助夏后氏的若木建徐国。大廉所处无考,或承袭伯益之位在朝理政,其后裔建赵国、秦国。

始封之徐国,在今山东省中、南部一带(又有说在今安徽凤阳北部地区。备考),都城临近郯城。据山东省有关方面考证,若木、征国、房、仁、豹五世徐国国君葬于郯城北七里处，迄今犹存有徐豹墓，被定为县级文物保护单位。始封徐国为伯爵国（有说是子爵国）。《路史·后记》说："若木后立于淮者，为嬴氏，夏王命以徐伯，主淮夷。"意思是说，若木后裔中在淮泗流域者，夏朝封之为伯，主持那一带各诸侯国、部落事务。按此说，徐国在夏朝即为伯爵诸侯国。

"三监之乱"与都城迁徙

徐国国都在历史长河中有过数次迁徙，而这都缘于战争。

夏、商时期，徐国与宗主国之间虽偶有磕磕碰碰，但相处还相对平和。徐国为夏王朝所封，与夏朝关系较为融洽，这比较容易理解，而与商朝也相对友善，这作何解？《博物志》说了这么个故事：夏桀时，若木后裔费昌看到黄河上有两个太阳，东边的太阳在冉冉升起，而西边的太阳即将没入水中，还发出犹如打雷一般的巨响。费昌问黄河水神冯夷：这两个太阳，哪个是夏？哪个是商？冯夷说：西边那个太阳是夏，东边的太阳是商。于是，费昌带领部落族人离开夏朝，归附商部落。后来，费昌为商汤驾车，在鸣条（河南封丘之东，一说山西运城）打败了夏桀。夏桀是中国历史上有名的暴君，《诗经》就有诗歌唱出百姓对他的怨恨："时日曷丧？吾与汝偕亡！"应当说，费昌之弃夏从商，是顺民心之举，堪称识时务。而或许正因为此，有商一代，徐国与商王朝能和平共处。

费昌者谁？或为徐国公族之人，或继位为徐国国君，无考，《史记》等记载系若木之玄孙。

以仁义治国，这是徐国一以贯之的理念；历经夏、商，徐国国力不断增强。至周兴商亡，徐国与周朝之间就折腾不休，战争不断了。周朝建立之初，即分别封姜尚（子牙）、周公旦之子伯禽为侯，分别建齐国、鲁国。齐、鲁与徐相邻，有监视钳制徐国之效。这让徐国感到不爽，也埋下战争的祸患。有史料记载，徐国屡屡攻打鲁国，以致周康王时鲁国在一个时期内不敢打开都城的东门。后来鲁国动员全民进行绝地反击，才一度打败了徐国。

有一场重大战役应当特别一说。周武王灭商后，封商纣王之子武庚于殷地（今河南商丘）以祀殷商。同时，武王封三个弟弟在殷地周边建管、蔡、霍三国，以监视武庚，是为管叔鲜（武王二弟）、蔡叔度（武王四弟）、霍叔处（武王七弟）。周武王死，其子诵继位，年仅十三岁，是为成王，由武王三弟姬旦即周公旦摄政。这引起管、蔡、霍的猜忌和不满。武庚乘机联合管、蔡、霍发起叛乱以图复辟，于是监管者与被监管者合伙反叛。此事件发生在武王死后第三年（前1041年），史称"三监之乱"。其间，徐国和楚国、奄国等十多个国家的军队浩浩荡荡向西进发，支持"三监"反叛。为此，周公旦举兵东征，杀武庚、管叔，蔡叔被放逐，霍叔被废为庶人，灭东方五十国（一说十七国）。徐国作为战败国，不得不南迁都城。

事实上，因为徐国强盛，周王朝一直甚为忌惮，于是频频征伐，而徐国也发动、带领东方各国和东夷部落进行西征，与周对峙。《礼记·檀弓》载：邾娄考公死，徐国使容居吊丧，其间容居说过"昔我先君驹王，西讨济于河"的话，即徐国驹王起兵攻周，一直打到黄河边上。驹王是谁，无确论，但此记载表明徐、周之间的争斗是存在的。周穆王在位，慑于徐国的强大及其影响力、号召力，承认徐国国君为盟主统领东方。徐国传至三十二代国君嬴诞，是为偃王，国都已迁至现今的江苏泗洪（也有说在安徽泗县，存疑）。偃王仁义治国，在东部地区享有崇高威望，徐国势力也空前强大。正因为此，徐国遭遇了一场空前的劫难（详见《徐偃王》）。因为此场劫难，有一说徐偃王弃国迁居到彭城武原县东山（今江苏省邳州西北徐山），有一说徐偃王随后渡海南下到达浙江宁波、舟山一带，还有一说徐偃王到了浙江龙游。徐偃王弃国南迁后，其子宗（一说名宝宗）置都彭城管理徐国。彭城，即今徐州。还有一说，徐偃王在此次劫难中被杀了。

据考证，徐国都城迁徙遗迹尚存有：一是山东郯城附近。史家研究，徐国疆域最初在今山东泰山东北以南到郯城一带，现今山东泗水的汉舒村尚有徐国第五代国君徐豹之墓。二是洪泽湖一带的徐城。泗洪县境内太平乡有个香城村，传说徐偃王在此筑城，城里有座徐偃王妃子的粉妆楼，故得名"香城"。三是邳州梁王城（也称良王城）。目前发掘出来的邳州梁王城（含九女墩、鹅鸭城等遗址），可以确定为古徐国后期都城，共发现灰坑一百二十二座，墓葬二十二座，房址十一座，出土文物千余件；当地曾有"金銮殿"地名，出土十九枚宫廷器乐青铜编钟，并镌刻"徐王子孙永保之用"铭文。专家张知寒先生在《略谈古代徐州》中说:"徐国治所在下邳。"治所,国都之谓也。又有研究者认为,徐国都颍州(今安徽省西北部阜阳市有颍州区)时间约两百年;都泗州(在今江苏省盱眙县境内)时间千余年;偃王去国,宗为君,都彭城,后迁往武原徐城,至章禹失国,徐国在武原共四百五十年(前962年—前512年)。历史悠久,资料匮乏,无从确证,谨录之以存一说。

"二公子事件"与章禹失国

偃王弃国南迁后,周穆王封其子宗为徐国国君,但此后徐国已不复昔日的辉煌,辖地由偃王时代的"地方五百里"缩减至仅百里左右了。作为一个弱小的国家,徐国在大国、强国的夹缝中谋求生存,而到春秋时期更是小心翼翼地在齐、楚、吴"三个鸡蛋上跳舞"。

春秋无义战。东周时期,周王朝逐渐衰弱,其权威受到轻视甚而常被忽视,而各诸侯国争战是家常便饭,谁想打就开打,想打谁随便找个借口就打谁。徐国出现在鲁国史书《春秋》之中,是在宗复国三百年后,周惠王(前673年—前652年在位)时,是为"春秋之徐"。史料记载,与"春秋之徐"有关的战争就有以下几场。

周惠王九年秋,宋国、齐国、鲁国联军攻打徐国。这场战争的起因是:徐国联合徐戎部落经常攻打鲁国,鲁国于是年春伐徐戎之后又联合齐、宋讨伐徐国。

周惠王二十年夏,徐国灭舒国(国都在今安徽庐江之西)。此时徐国已为齐国之盟国,而舒国则与楚国结盟;徐取舒,是为齐伐楚打通道路。

周襄王(前651年—前619年在位)七年春,楚国攻打徐国,原因"徐即诸夏",即徐与华夏之国齐国结盟。是年三月,齐桓公与鲁、宋、陈、卫、郑、许、曹各诸侯国君在牡丘(今山东聊城之东七十里)会盟,之后诸侯联军驻扎在匡(在今河南睢县之西三十里),由鲁国大夫公孙敖和其他各国大夫领军救徐。七月,齐国、曹国联军征伐厉国(楚国盟国,都城在今湖北随州北四十里)。九月,诸侯各自归国。十月,楚军侵入徐国,娄林之役,徐国战败。按晋代杜预的说法,娄林之败,是因为徐国以为有齐国等诸侯联军的救援,而事实上此时作为盟主国的齐国对各诸侯国的号令已经不灵了。次年夏，齐国又派军队征伐厉国，结果未能攻克；十二月，齐、宋、陈、卫、郑、许、邢、曹等国国君在泗州会盟，徐君与会，是为商议讨伐楚国联盟集团的事。又次年即周襄王九年春，徐国与齐国讨伐英国（楚国盟国，都城在今安徽六安之西，邻湖北英山县），是为报复娄林之役。今安徽泗县、天长、明光和江苏泗洪、盱眙一带曾为泗州，娄林位于泗州东北部，属江苏邳州。

周襄王三十二年冬，徐国征伐莒国。因莒国之请，鲁国公孙敖赴莒国订盟。

周简王（前585年—前572年在位）二年，吴国攻打徐国。对于徐国来说，这是一场"飞来横祸"。此时徐国已与楚国结盟。楚国令尹子重与司马子反联手危害申公巫臣，于是申公巫臣逃到晋国，其家族则被灭。巫臣发誓要让子重、子反疲于奔命而死，他促使晋国拉拢吴国，让吴国背叛楚国。之后，吴国不断攻打楚国及其盟国，徐国遭殃。

周景王（前544年—前520年在位）八年冬，徐与楚、蔡、陈、许、顿、沈、越等国征伐吴国。

周景王九年，徐大夫义楚出访楚国被扣押，后逃归。楚国担心徐因此而与吴结盟，即攻打徐国。吴国派军队援救徐国，之后楚国令尹子荡转而攻打吴国，反被吴国打败。

周景王十五年冬十月，楚国派出荡侯、潘子、司马督、嚣尹午、陵尹喜率领军队包围了徐国都城，楚君也带领军队驻扎在乾溪（今安徽亳州东南有乾溪）作为后援，以此威胁吴国。次年夏四月，楚公子比弑杀其君，徐国之围乃解，吴军在豫章（今江西南昌一带）打败楚军并俘虏了楚军五个统军将帅。

周景王十九年春二月，齐、徐发生浦隧之战。浦隧，属徐国疆域，在今江苏徐州睢宁之东。徐国寻求和谈，与齐、郯、莒结盟。徐国将一尊"甲父之鼎"送给了齐国。甲父，晋代杜预称系古国名（在今山东昌邑东南部）。

其时，各弱小国家纷纷寻求与大国结盟，徐国国君曾采取和亲政策，以女嫁齐桓公，并取舒地为齐打通伐楚之道，又助齐伐厉、伐英，其后随时势变迁也先后与楚、吴结盟。周景王七年，徐国属楚国盟国，楚灵王召集徐、蔡、陈、郑、许、藤、顿、胡、沈、小邾等各国国君会盟，与会者还有宋世子、淮夷部落首领。只因徐国国君为吴国外甥，楚国国君就据此怀疑徐国国君对自己三心二意，会跟吴国有私情，竟把徐国国君扣押肆行凌辱。由此事可知弱小的徐国在春秋时期守国之艰难。次年，徐国不得不跟随楚、蔡、陈、许、顿、沈、越联军攻打吴国。

自宗继位为君，因与楚国相邻，徐国一直与楚国交好。齐桓公称霸，徐国以齐国为靠山三十年。后齐国衰弱，徐国又投靠楚国五十年。在这时期，虽仍征伐不断，相比较而言，徐国还是安全的。后因楚国多疑，徐国屡屡受其辱，于是乎不得不依附吴国。然而，徐国又终为吴国所灭。

吴国灭徐国的经过大致是：楚平王冤杀了伍奢、伍尚父子，伍员出逃。伍员即千古传颂的"复仇之神"伍子胥，他立誓要报父兄之仇，费尽波折来到吴国，意图借力报仇。伍子胥把复仇的希望寄托在公子光即阖闾身上，当他看出公子光有谋王位之野心后，就物色了个胆大力大、有勇有谋的专诸推荐给公子光。周敬王（前519年—前476年在位）五年，吴王僚派弟弟公子掩余和公子烛庸出兵攻伐楚国。趁此机会，公子光特地设宴招待僚。因僚好吃鱼，专诸把匕首藏在鱼腹中乘机刺杀了僚，阖闾即位为吴王。公子掩余、公子烛庸得知国内发生政变，吴王僚已死，阖闾为君，即分别逃到徐国和钟吾国避难。公元前512年夏，吴国派出使臣，向徐国和钟吾国索取掩余、烛庸，但徐、钟吾却放走了二公子，让他们去投奔楚国。楚昭王十分得意，隆重迎接二公子，之后把养地（今河南沈丘）东北边的城父、东南边的胡田两块地方分别封给二公子以威胁吴国。此事极大刺激了吴王阖闾，他恼羞成怒，同年冬即抓了钟吾国君，又派孙武、伍子胥伐徐，放水淹徐国国都。此即"二公子事件"。徐国国君章禹（也作章羽）自知不敌，跪求阖闾准许保留国土，阖闾不允。至此，徐国灭亡，章禹到了楚国。

《左传》等史书有"徐子章禹奔楚"的记载。章禹最后去了哪里？吴攻徐时，楚国大夫沈尹戍率军救援不及，就接回章禹在夷地筑城安置。夷，即今安徽亳州。2007年初，在江西省靖安县水口乡李洲坳发现一座东周古墓，其中有四十七口女性杉木棺。考古专家徐长青等对墓葬进行分析研究，认为该古墓便是徐国国君章禹的妃嫔陪葬墓。由此可推测，"章禹奔楚"后，靖安应是他最后的家园。徐国灭亡后，其部分国人迁居越地，或助越伐吴，与勾践一道灭了吴国，这应在情理之中。

繁盛的徐氏

徐国存在了多少年？有说一千六百四十九年，有说一千六百四十六年，有说一千五百余年，等等。清朝徐时栋《徐偃王志》则说："夏时封徐，迄乎周敬之世，凡四十余君，享国千六百余年。"又有研究者认为，徐国始封于夏初公元前2061年，灭于公元前512年。之所以有这种种说法，大抵是秦始皇一把火所遗之祸，以致徐国始封之年无确凿史料以资考证。但有一点是可以肯定的：徐国几乎与夏、商、周三个王朝相始终，国君代代相传四十四位。

需要说明的是：徐国为中原王朝所封，非夷亦非戎，不是"徐夷"或"徐戎"，而是正统意义上的诸侯国，也正因为此，加上国势相对强盛，故长期居于东部淮泗统领地位。

历史上的徐国有着灿烂的文化，而这随着考古的不断发现得到了证明。在安徽屯溪、江苏丹徒等地出土的春秋战国时期的徐国青铜器，都带有棘刺类密集的变形动物纹及具有几何印纹、陶纹特点的细密花纹，这是徐国学习和模仿西周王朝青铜器制作的结果，表明了徐文化、周文化之间的融合。考古出土的徐国青铜器非常多，比如徐子氽鼎、徐王鼎、沇儿钟、徐媵尹钲、义楚钟、徐王义楚铺、王孙遗者钟、徐王庚儿钟，这些青铜器都有铭文。另外还出土有商朝时期的徐伯鬲，周朝春秋时期的徐偃侯旨铭、徐偃王壶、豆形兽尊仪、徐宝蕴、大徐王寿铭、徐冠卑环头大刀刀头。1979年，江西省靖安县出土三件徐国青铜器，其一件铭文为："雁君之孙徐令尹者旨型，择其吉金，自作炉盘。"炉盆为火盘，雁同"偃"。1982年，绍兴发掘一座春秋时期的坟墓，出土六件青铜器，其中三件有铭文，分别是鼎、炉、缶。缶肩部有周代铭文，因残损无法辨认；炉底部三行铭文中带有"徐王之"三个字；鼎的盖与器肩都有相同的铭文，都是四十四字，其中就有"徐肴尹汤鼎"字样，据研究"肴尹"是商王朝以及徐国、楚国所设的管理祭祀的官员。随着考古的不断发现，在史书中少有记载的徐国终将呈现其辉煌！

从若木得国至章禹失国，夏朝徐国国君有若木、征国、房、仁、豹、谦、佥、晔、祖禹、济、宝、宽；商朝有兴、强、车、能、弘（一作宏）、瑞、侍、世长、恭、祥、茏、安、忠、超、康、潢；西周有彦、训、绥、诞、宗、仁、宏（一作宠）、希、尪、恭；春秋（东周）有畅、永、恕思（一作思）、强、亘、章禹。

偃王诞弃国和章禹失国，徐国公室族人散居四方，有以采邑为氏的，如封贝氏（临川）、取虑氏（临淮），而以国为氏的徐氏族人更是绵延不绝，主要有东海、高平、东莞、琅邪、濮阳五郡望，人口数约三千万。徐成为中国第十一大姓氏，更是浙江龙游县乃至整个衢州地区的第一大姓。徐氏族人的足迹踏遍全球，在历史长河中人才辈出，犹如银河之璀璨繁星，对中国社会乃至世界的发展和文明的进步做出巨大贡献，此又不待言。

附：关于古徐国，历代多有研究者。近年来，随着宗族文化的日渐兴起以及对"仁义之君"徐偃王研究工作的日益重视，徐氏族人对古徐国历史进行了不懈的探索，并不断取得成果。兹列徐氏族人关于古徐国渊源与世袭传代情况之一说，以备参考。

女修。颛顼裔女，生子大业。《史记·秦本纪》载：女修为秦之先，帝颛顼之苗裔。女修织，玄鸟陨卵，女修吞之，生子大业。《史记·索隐》：大业，其父不著，而秦、赵以母族而祖颛顼，非生人之义也。《北宋谱疏证》则认为：女修是大业之母，颛顼之裔女孙何得列为首出之祖。史不著大业之父，而大业实为少昊裔孙。

大业。女修之子，娶女华，生子伯益。《史记·秦本纪》：大业取少典之子，曰女华。

伯益。大业之子，封嬴邑侯，黄帝九代孙，妃姚。《史记·秦本纪》：女华生大费，与禹平水土，已成，帝锡玄圭。禹受曰："非予能成，亦大费为辅。"帝舜曰："咨尔费，赞禹功，其赐尔皂游。尔后嗣将大出。"乃妻之姚姓之玉女。大费拜受，佐舜调驯鸟兽，鸟兽多驯服，是为伯翳。舜赐姓嬴氏。《左传》有载：郯国，少昊之后，而嬴姓盖其族也，则秦、赵宜祖少昊氏。《正义列女传》：陶子生五岁而佐禹。《曹大家注》：陶子者，皋陶之子伯益也。伯益生子三：大廉、若木、恩成。

大廉：伯益长子，封陆氏，后为秦。史称大廉为鸟俗氏，陆或作落，或作洛，此云陆氏盖音同之伪。

徐国世系：

一世：若木。伯益次子，因父辅佐虞舜治国、辅助夏禹治水之功勋，夏后氏封之于徐，生子四：征国、终、季胜、简。《史记·秦本纪》云：大费生子二人，一曰大廉，实鸟俗氏；二曰若木，实费氏。《徐偃王志》：若木事夏后氏，是始封于徐，是始主淮夷，是与秦赵同出赢姓。《路史》：伯益佐禹有功，封其子若木于徐，后以为氏。《通志·氏族略》：徐姓，子爵，赢姓，皋陶之后也。皋陶生伯益。伯益佐禹有功，封其子若木于徐。《新唐书》：伯益生若木，夏后氏封之于徐。《路史·后纪》云：若木后立于淮者为赢氏。夏王命以徐伯，主淮夷。《都城记》：伯益有二子，大曰大廉，封鸟俗氏，秦为其后也；小曰若木，别为费氏，居南裔为诸侯。《路史》：伯益生三子，大廉、若木、恩成。

二世：征国。若木长子，承徐氏，生子三：房、圭、铣。《北宋徐氏谱》曰：若木生征国、终、季胜、简。征国袭徐之封，子三：房、圭、铣。

终：若木次子，承黄氏。《北宋徐氏谱》曰："终，封于黄，是为黄祖。"据考证，先秦楚国芈姓远祖为陆终，相传为吴回之子。陆终娶鬼方氏之妹女嬇为妻，生子樊（昆吾）、惠连（参胡）、篯铿（彭祖）、求言（邻人）、安（曹姓）及季连六人，昆吾成为黄氏远祖。黄氏起源二说：伯益长子大廉建国肇姓说，主要流传在湖南、江西、广东等地区的黄姓中，如湖南敦厚堂《箭楼黄氏族谱》，湖南敦睦堂《中湘黄氏四修族谱》、湖南城步《大古黄氏族谱》《渠阳黄氏城步世谱》《渠阳黄氏世谱》均持此说。伯益去世后，大廉以长子身份继承伯益之位，继续做鸟夷氏族的酋长，他的一部分后裔便称为鸟俗氏。而黄氏族谱则记载，大廉又因其父伯益、其祖皋陶历事尧舜和大禹有功，被夏禹别封于黄（今河南潢川县），创建黄国。他的这一部分后裔，就以国为氏，姓黄。所以，多有族谱以伯益之子大廉为黄姓第一世始祖。伯益次子若木说，初封于黄的并非伯益长子大廉，而是伯益次子若木的次子终，时间是在夏初。伯益次子若木事夏朝，袭封于费，后便以费为氏，此说见于《史记》。而食邑于黄，以黄为氏者，只是若木次子终一支。《江西黄氏通史》：黄帝生昌意，昌意生日安、颛顼，颛顼生称，称生女修、卷章、穷蝉、寿杌，卷章生重黎、吴回，吴回生陆终，陆终生昆吾、惠莲（南陆）、钱铿、会人、曹安、季连。而女修生大业，大业生鳐（皋陶），鳐（皋陶）生伯益（大费），伯益生大廉、若木、恩成。

季（季胜）。若木三子，承马氏。《北宋徐氏谱》曰："季、简之封史失其国，季后是为马氏，简后是为赵氏。"据考，马姓来源于战国时赵国之赵奢，以善于用兵著称，因功为赵惠文王封之于马服，称为马服君，死后便葬于封邑。其子孙最初以马服两字为其姓氏，后省去服字，遂有马氏。世居邯郸，史称马姓正宗。《史记·赵世家》：恶来弟曰季胜，季胜生孟增。有研究认为，季胜为若木三子有误。

简。若木四子，承赵氏。《史记·赵世家》云："恶来弟曰季胜，其后为赵。"有说：赵氏出自大廉之后，历史上有"秦兄赵弟"之称。

《百家谱·徐氏表》曰："征国生房、圭、铣，房生卿、仁，仁生豹，豹生谦，谦生澄、金，金生起、晔，晔生祖禹，祖禹生济，济生宝，宝生绍、宽，绍生兴、通民、茂叔，兴生明、强，强生车，车生能，能生宏，宏生瑞，瑞生侍，侍生并、权、世长，并生恭、侯，恭生论、详、远、同，详生筐、篝、籍，籍生安、龙，安生忠、质、琼，忠生超，超生康。是为二十五代。"

三世：房、圭、铣。四世：卿、仁。五世：豹、费昌。

费昌。若木玄孙。《史记·秦本纪》："若木，实费氏。其玄孙曰费昌，子孙或在中国，或在夷狄。费昌当夏桀之时，去夏归商，为汤御，以败桀于鸣条。"《徐偃王志》云："若木有后曰费昌，生夏桀之世，观乎河上有二日焉。东日殆起，西日将灭，若疾雷之声。乃问冯夷曰：'曷殷？曷夏？'冯夷曰：'西日夏也，东日殷也。'于是去夏归殷，是为汤御右，以败桀于鸣条。"《博物志》："夏桀之时，费昌之河上，见二日，在东者烂烂将起，在西者沉沉将灭，若疾雷之声。昌问于冯夷，曰何者为殷？何者为夏？冯夷曰：'西夏东殷。'于是费昌徙族归殷。"《今本竹书纪年疏证》云："夏桀二十九年，费伯昌出奔商。"

费昌系若木玄孙有疑：夏朝自启废禅让制始，至癸（桀）历十三代十六君，如费昌生于夏桀之世，则应非若木之玄孙。若木得国于启，至桀时夏朝已历十三代；若木得国于仲康，至桀时也历十一代。夏朝历史约四百七十年，如费昌为若木玄孙，则若木至费昌寿均九十余岁，不足信。

六世：谦。

七世：澄、佥。《龙游徐氏宗谱》载："房、卿、豹、谦、澄、佥，墓在山东郯城北（七里）。"

八世：起、晔。《龙游徐氏宗谱》载："起，墓在东莫县城北八十里（东莫县，疑属今山东潍坊）。"

九世：祖禹。十世：济。十一世：宝。十二世：绍、宽。十三世：兴、通民、茂叔。

十四世：明、强。《龙游徐氏宗谱》载："明，墓在山东郯城北（七里）。"

十五世：车。十六世：能。十七世：宏。十八世：瑞。

十九世：侍。《龙游徐氏宗谱》载："侍，墓在山东郯城北（七里）。"

二十世：并、权、世长。《龙游徐氏宗谱》载："并、权、世长，墓在东莫县城北八十里。"

廿一世：恭、侯。廿二世：论、详、远、同。

廿三世：箧、莑、笼。"笼"一作"籍"，据其子孙有名"龙"者，则义当为"籍"。《冷庐杂识》："陆以湉云：兄弟联名始于汉季。"

廿四世：安、龙。廿五世：质、琼。廿五世：忠。

廿六世：超。《龙游徐氏宗谱》载："超，墓在东莫县城北八十里。"

廿七世：康。《龙游徐氏宗谱》载："康，墓在高平郡城南三十里（高平郡，今属山西晋城一带）。"《北宋徐氏谱》："征国传二十五世生康。"《百家谱》曰："康生浍，浍生彦，彦生训。"

廿八世：浍。《北宋徐氏谱》曰："康生浍。"

廿九世：彦。彦，浍之子，与诸侯之师伐纣，纣亡立周，武王义之，封为忠义侯。生子训。

《北宋徐氏谱》："浍生侯彦，一曰彦，忠义侯。"《百家谱》："彦，忠义侯、武乙列侯。"《龙游徐氏宗谱》载："彦，墓在高平郡城南三十里。"《北宋谱疏证》按曰："侯者爵也，忠义等名号恐非当时所有。"

三十世：训。彦之子，周武王时封东平侯。生子一：绥。《百家谱》曰："训，东平侯。"《北宋徐氏谱》曰："彦生侯训，一曰训，东平侯。"

卅一世：绥。训之子，周昭王拜为列国侯不受，隐之泗州平原县徐里山中。追封懿王。娶姜氏。生子一：诞。《北宋徐氏谱》曰：训生绥，周昭王命为卿，不就而传位于诞，隐居泗州平原县徐里山中。又曰绥妻姜氏。

卅二世：诞。绥之子，字子儒，史称偃王。配姜氏，生子三：宗、衡、明。《北宋徐氏谱》：诞即偃王是也，字子儒，自黄帝以至偃王四十有三代。《竹书纪年》：周穆王六年春，徐子诞来朝，锡命为伯。十三年秋七月，徐戎侵洛；十四年，王帅楚子伐徐戎克之。三十五年，荆人入徐。《竹书纪年》：穆王十三年，徐戎侵洛；冬十月，造父御王于宗周。《后汉书》云：穆王分东方诸侯，命徐偃王主之。偃王处潢池东，地方五百里，行仁义，陆地而朝者三十六国。罗泌：自若木至偃王三十二世，为周所灭，后封其子宗为徐子。南宋宝庆三年十月十七日，前豫章太守知衢州事郡守袁甫以王数显灵异上于朝，天子嘉王功德改封灵惠仁慈圣济英烈王，王妻姜氏封协济夫人，子宝宗封佑顺侯，宝衡封佑德侯、宝明封佑泽侯。《龙游徐氏宗谱》：葬明州翁山县象山海岛村盖屿山诞陵，守坟人三十六户。有一说：驹王，通佝王，佝者佝偻也，与偃王出生是肉球以及有筋无骨的记载似有相符之处。《路史》：徐偃王后有虫氏。《辩证》：虫出自春秋邾国虫邑。鲁昭公十九年，宋围虫，取之，其大夫以邑为氏。《姓纂》云：封贝氏，徐偃王子食采封贝，因氏焉，今临川有此姓。《姓纂》云：取虑氏，徐偃王子食采取虑，因氏焉。

卅三世：宗、衡、明。宗：诞长子，《百家谱》作宝宗，颖川侯。《唐书宰相世系表》：若木至偃王世为周所灭，复封其子宗为徐子。衡：诞次子，《百家谱》作宝衡。明：诞三子，《百家谱》作宝明。

《北宋谱疏证》：宗生仁，仁生宠，宠生希，希生觑，觑生恭，恭生畅，畅生永，永生思，思生强，强生亘，亘生章禹。是章禹为宗之十一世孙。

卅四世：仁。《百家谱》：孝王司徒。《鉴汀谱》：仕周孝王为大夫。《北宋谱疏证》按曰：周司徒，周制固有以列国诸侯兼畿内卿者，于时事亦合，次下所列世系忽为大夫，忽为诸侯，恐未必然。

卅五世：宠。据《百家谱》《鉴汀谱》，为周孝王大夫。

卅六世：希。周大夫，生子一：觑。《鉴汀谱》曰：周幽王时混乱奔逃。《北宋谱疏证》按曰：孝王末至幽王初，历夷王、厉王、宣王，三君相距一百十余年。希父宠既为孝王大夫，希焉得在幽王时？

卅七世：虺。《百家谱》作阢，周幽王大夫。

卅八世：恭。列国侯。《百家谱》：平王列国侯。《龙游徐氏宗谱》载：恭，墓在青州城北六十里白颉山。

卅九世：畅。列国侯，《百家谱》：桓王大夫。

四十世：永。《百家谱》：庄王大夫。

四十一世：思。不仕。生子一：强。

四十二世：强。列国侯。《百家谱》：诸侯。

四十三世：亘。《百家谱》《鉴汀谱》：周惠王为大夫。

四十四世：章禹。《百家谱》：周大夫。《鉴汀谱》：袭仕周襄王为大夫。《左传》：吴子伐徐。己卯灭徐，徐子章禹奔楚。《左氏》《公谷》《春秋》或作章禹或作章羽，音同致伪。

徐偃王

　　徐偃王，姓嬴，名诞，字子儒，徐国第三十二代国君，为嬴姓徐氏始祖。据《北宋徐氏谱》，徐偃王生于周昭王三十六年（约前959年）丙辰正月二十日己酉日癸酉时（周昭王在位仅十九年，故偃王为周昭王三十六年生人之说有误）。该谱为台州徐氏族人所撰，而台州徐氏由衢州龙游迁入，故徐偃王诞辰日为农历正月二十之说应源于衢州龙游。因避战南迁，有战死、自杀、老死种种说法，徐偃王卒年不详。也有说徐偃王于周穆王五十一年去世，享年六十七岁，未知何据，谨录之。徐国以仁治国，徐偃王是其杰出代表。战国时期大儒荀况（荀子）在说到历代明君贤臣圣人长相之异时，以徐偃王列于孔子、周公、皋陶、闳夭、傅说、伊尹、禹、汤、尧、舜等之前。《荀子·非相》原文是："徐偃王之状，目可瞻马；仲尼之状，面如蒙倛；周公之状，身如断菑；皋陶之状，色如削瓜；闳夭之状，面无见肤；傅说之状，身如植鳍；伊尹之状，面无须麋；禹跳汤偏，尧舜参牟子。"简译之：徐偃王的眼睛很大，可以与马眼相比；孔子的脸好像蒙上了驱邪鬼的面具；周公旦的模样好像折断的枯树；皋陶的脸色就像削了皮的瓜；闳夭脸上的鬓须多得看不见皮肤；傅说枯瘦佝偻，身体弯曲得好像鱼的脊背；伊尹的脸上没有胡须眉毛；禹瘸了腿，走路一跳一跳的；汤半身偏枯；舜的眼睛里有两个并列的瞳仁。

　　《非相》所列人物皆圣人，由此可见传奇人物徐偃王在战国时期即已被奉为圣，而后世更是以之为神为圣。

非常出生

《博物志》有载："徐君宫人有娠而生卵，以为不祥，弃之水滨。独孤母有犬鹄苍，猎于水滨，得所弃卵，衔以来归。独孤母以为异，覆暖之，遂成儿。徐君宫中闻之，乃更录取。"这段话说的是徐偃王出生的过程：徐国有宫女产下一个肉球，被认为不吉祥，于是将其扔到溪流岸边。有位叫独孤母的人养了一条叫鹄苍的狗，这狗跑到溪流岸边狩猎时发现了肉球，就叼了回来。独孤母觉得奇怪，为肉球保暖加温，结果产出一个男婴来。此婴儿出生之时"其状偃仰，故称偃焉"（荀子语）。此系徐偃王之"偃"的一个由来之说。徐国宫中听说后，把婴儿抱回宫里抚养。这婴儿就是后来的偃王诞。

有关徐偃王离奇的诞生过程，诸多典籍有记载，大同小异。这个过程与哪吒相类，哪吒出生时也是一个肉球。独孤母又作孤独母，鹄苍也作鹄仓、后苍。《博物志》说，鹄苍死时，"头生角而九尾，盖黄龙也"。现今江苏省泗洪县陈圩乡境内犹存埋葬鹄苍的坟墓，名"狗垄"或"龙墩"，又名"鹄苍冢"。历朝历代当地百姓对鹄苍十分崇敬，逢年过节都为其冢祭扫添土。

徐偃王的出生过程还与后稷相若。后稷是黄帝玄孙、帝喾嫡长子。有一天，帝喾元妃姜嫄趋郊信步而游，踩上巨人足印，遂怀孕。后来姜嫄生产，"惊其胎生如卵"（清魏源），以为是妖物，就把这肉卵丢弃了，但此肉卵每每得到牛、马、鸟等畜禽动物的庇护。肉卵破开得一子，因屡遭遗弃，故为此子起名"弃"。后稷为农耕始祖，地位崇高，后人祭祀不绝。

徐偃王出生过程奇异，且有异相。《尸子》载：徐偃王"有筋而无骨"。此说大概是指他的身体非常柔韧，就像没有骨头一样。《荀子·非相》中说："徐偃王之状，目可瞻马。"意思是说，徐偃王的眼睛很大，可以与马眼相比。也有说为"目可瞻焉"，"焉"通"颜"，意思是说眼睛可看到自己的额头，"马"与"焉"字形相似，故误"焉"为"马"。又有解释，徐偃王目光可看到远处的马，但不能看近处细物，意为是远视眼。"目可瞻焉"，即双眼远视之意，"焉"为语气虚词。《北宋徐氏谱》曰：

"偃王名诞,左手握拳,七岁始开,掌有'偃'字纹。"这又是一件奇异之事了。至此,徐偃王之"偃",已有两个说法。另有诸多徐氏宗谱载,嬴诞少时左手掌有"偃王"二字,此当是附会之说。

嬴诞不只生有异相,且有异秉。《尸子》云,"嬴诞性多怪,没深水而得怪鱼,入深山而得怪兽,多列于庭"。他喜欢上山下水抓怪物,把抓来的怪物制作成标本摆列在庭院里。此说表明嬴诞有研究动物之喜好,类于先祖伯益从事动物驯化管理之奇能。

以仁治国

徐为夏朝建立之初所封之国,初封地在现今的山东郯城附近,且国力不断发展壮大。时至周朝,宗主国对徐国颇有忌惮,乃封姜尚(子牙)建齐国,封周公旦之子伯禽建鲁国,齐、鲁与徐相邻,或有以之监视、防备徐之意。正因此,徐与齐、鲁摩擦、战争频仍,有个时期徐国曾打得鲁国开不了国都东门。然而,在周王朝和齐、鲁等国的挤压之下,徐国仍不得不不断南徙国都。在此期间,徐国国君励精图治,国力不断强大,竟居东方各国和部落的领袖地位。在周康王(前1021年—前996年在位)时,徐国曾率领九夷反周。《后汉书·东夷传》对此有记载:"康王之时,肃慎复至,后徐僭号,乃率九夷以伐宗周,西至河上。"九夷,东方各族、各部落的总称。徐"僭号",表明在周康王时即有徐君称王了,或即徐国历史上之驹王。嬴诞继位为君时,徐国国都已迁至现今的江苏泗洪(也有说在安徽泗县)。《独异志》称嬴诞"有圣德",二十三岁继位为国君(有个说法:嬴诞十七岁时已饱读诗书,二十三岁继位为君,也有说二十岁即位为君。因未查到实据,录之以备考)后,即内修德政,外结友邦,且与宗主国也加强了联络。周穆王(前977年—前922年在位)六年春,"徐子来朝,锡命为伯"(《竹书纪年》),因徐国强大,"穆王畏其方炽,乃分东方诸侯命徐偃王主之"。"锡命为伯",或意指徐由子爵国升为伯爵国;亦或"伯"为"霸",穆王承认徐国为东方霸主。有了周王朝的明确授权,徐偃王一心发展经济、改善民生,并着力与周边各诸侯国建立友好关系,为国内发展创造良好国际环境。《抱朴子》曰:徐偃王"外堕城池之险,内无戈甲之备"。意即废除了应有的一些军事设施和武器装备，并"修行仁义"而"以怀诸侯"。同时，徐偃王还开挖通往陈国、蔡国的运河，以便"舟行上国"，加强与周王朝的联系沟通。陈国、蔡国疆域都在现今的河南省，徐偃王为"通沟陈蔡之间"开挖的运河即为鸿沟之雏形。鸿沟，因系秦末楚汉相争之时两军临时分界线而著名，以西驻汉军，以东驻楚军。

徐国在偃王时代到达了鼎盛期，其时徐国国都在今江苏泗洪（也说安徽泗县一带，存录以备考）。《韩非子·五蠹》载："徐偃王处汉东，地方五百里，行仁义，陆地而朝者三十六国。"（有多少国家割地朝徐也有多种说法：《淮南子》《说苑·指武》等称三十二国，《都城记》《元和郡县图》等称四十余国）徐偃王行仁义惠四方，徐国国力强盛，疆域也一直扩张到现今的苏北、皖中、鲁南等广大江淮地区。

在奴隶制社会，奴隶是统治者和贵族使用的工具，可以任意买卖、赠予、宰杀、殉葬，而国与国之间、部落与部落之间、国与部落之间互相残杀、吞并土地的战争也十分频繁。徐偃王正处于奴隶制社会，因而他的仁义品德便显得难能可贵了。在他的经营之下，徐国人民安居乐业，而且令"江淮诸侯皆伏从"（《博物志》）。其时，穆天子穷兵黩武，且又嬉游无度，以至于渐失诸侯之心。《北宋徐氏谱》："四方诸侯之争讼者不至周而至徐，讴歌者不讴歌周而讴歌徐。"也就是说，诸侯们有了矛盾争端都来徐国要求主持公道了，百姓们都歌颂徐国了。在貌似天下无主的情况下，"诸侯朝于徐者三十六国，相与尊奉为王"。按此说法，自此徐国国君嬴诞被众诸侯推上了王位，是为徐偃王。

避战失国

徐国如日中天，从而引起了疑忌，遭遇了一场灾难，徐偃王因此失国。

关于偃王失国，各种典籍多有记载，大体有两种说法。

一种说法：偃王反周。嬴诞称王，于是大兴土木营建都城。《地理志》记载："故徐国，其城周十二里。"而周朝都城也只九里。徐国不把宗主国放在眼里，既称王又逾制建都，反迹昭然。司马迁《史记》中即有"徐偃王反"之说，《都城记》则曰："穆王西巡，闻徐君威德日远，遣楚袭其不备，大破之，杀偃王，其子遂北徙彭城。"《云和郡县图志》也持此说。《帝乡纪略》《泗周志》等又有记载：徐偃王"周穆王时为东方诸侯，长行仁义，欲霸上国，获朱弓彤矢，以为天瑞，乃僭称王，陆地而朝者三十六国"。按此说，嬴诞是在得到朱弓彤矢（也说朱弓赤矢）之后自封为王的。

　　故事的发生是这样的：周穆王三十五年（前962年），徐国在开挖通往陈国、蔡国的运河时，意外挖出了朱弓赤矢。弓矢乃征伐之物，而只有天子才有征伐之权。偃王得到朱弓赤矢后，认为有主天下之命，于是联合东方各国和部落起兵反周。其时，周穆王西巡到了昆仑山，正在与西王母欢会情浓，"宴于瑶池，歌讴忘归"，惊悉徐偃王造反后，即"乘八骏之马，使造父御之"，急急忙忙赶回都城，令楚国伐徐。《史记》载："周穆王联楚文王败徐偃王。"在《史记·秦本纪》中是这样说的："造父以善御幸于周缪王，得骥温骊、骅骝、騄耳之驷，西巡狩，乐而忘归。徐偃王作乱，造父为缪王御，长驱归周，一日千里以救乱。"《史记·赵世家》又有说："造父幸于周缪王，造父取骥之乘匹，与桃林盗骊、骅骝、騄耳，献之缪王。缪王使造父御，西巡狩，见西王母，乐之忘归。而徐偃王反，缪王日驰千里马，攻徐偃王，大破之。"而《后汉书·东夷列传》则说："穆王后得骥骝之乘，乃使造父御以告楚，令伐徐，一日而至。"《元和郡县志》则说周穆王"发楚师袭其不备，大破之，杀偃王"。《唐书·宰相世系表》："偃王为周所灭，复封其子宗为徐子。"而造父是这一事件中的最大受益者，因为驾车有功，被穆王赐封赵地，其后代因而建赵国。

　　徐偃王反周一说，有诸多疑点：其一，偃王不修武备，遽尔反周，于情理不合。其二，昆仑山位于我国西北地区，西起帕米尔高原东部，横贯新疆、西藏延伸至青海省境内，绵延两千多公里。偃王如反周，无论穆天子与西王母在昆仑山的哪个地方欢会，以当时的信息传播条件，待穆王得知后返回"救乱"，必然远水不救近火；而以天子之尊，必有大批扈从，穆王有八骏跑得快，随从则必然跟不上，结果他仍快不了，如何"长驱归周"？诚如东汉末年谯周所言："王者行，有周卫，岂闻乱而独长驱，日行千里乎？"再则，远古道路并非康庄大道，从昆仑山至镐京（现属陕西西安地区）必然经历千山万水，骑马疾走尚且不易，而由马拉车奔驰则更不可能，何况到了镐京又得赶往楚国（现今的两湖一带），可见穆王由造父驾车单骑回救"一日而至"，只是一个传说甚至神话。其三，一些史籍只说徐偃王反，但俱未记载是怎么反的，反叛军队打到何处，无迹可寻，如此一个"反"字太过空泛，当不可信。其四，穆王在西周，楚文王在东周春秋时期，所处年代相隔三百多年；还有说是穆王令楚庄王伐徐，而楚庄王又与楚文王相隔七八十年了，故而《史记》等所载"偃王反周"亦无可信。其五，韩、赵、魏三家分晋，这是春秋与战国的分水岭事件。赵国是晋国被瓜分后才有的诸侯国，换言之赵地原属晋国，周穆王又如何能因造父驾车救乱有功而封其赵地？其六，偃王既反，而当周联楚来平叛时又不战而逃，如同小儿嬉闹，这也是不合情理的。其七，至于穆王与西王母欢会，更是神话传说了。

史籍记载，有种种荒谬处。嬴诞僭越称王、逾制建都之说，或亦有疑，有待确证之。而前述"朱弓赤矢"，也有史籍记载为穆王赐予嬴诞，以示赋予其东方征伐之责。

偃王失国的另一种说法是楚伐徐，且有更多文章典籍取此一说。

《韩非子·五蠹》："荆文王恐其害己也，举兵伐徐，遂灭之。"

《论衡·非韩》："强楚闻之，举兵而灭之。"

《淮南子·人间训》："偃王行仁义，王孙厉说楚庄而灭之。"

《说苑·指武》："偃王好行仁义，王孙厉劝楚文而残之。"

东方朔《七谏》："偃王行其仁义兮，荆文寤而徐亡。"

尚有多种典籍对楚伐徐之事有记载，难以尽录。上述之楚文即楚文王，楚庄即楚庄王，如前所说皆非徐偃王同时代之人（清代徐时栋在他整编的《徐偃王志》中认为，周穆王时或也有楚文王。存疑）。"王孙厉"是指楚王之孙，也有一说是楚国之臣。

楚国为什么要攻灭徐国？《淮南子·人间训》记载有一段阴森森的对话。眼见得徐国日益强大，各诸侯国纷纷向徐国靠拢，王孙厉对楚王说："我的王啊，我们楚国不去征伐徐国，总会有一天楚国就得向徐君朝贡。"楚王说："偃王是有道之君，好行仁义，是不可以讨伐的。"王孙厉说："我听说，大对小、强对弱，就像石头砸蛋、老虎吃猪，有什么可疑虑的？何况徐偃王不修武备，文德也没到极高境界，现在去打徐国一定是攻无不克。"楚王听这么一说，就派出军队攻打徐国了。此事发生在周穆王三十五年。《说苑·指武》也有相类似的记载。

徐偃王得知楚国出兵前来攻打，叹息说："吾闻，君子不处危邦，贤者不顾荣禄。"(《北宋徐氏谱》)于是就弃君位逃走。偃王为什么不战而走？他认为，楚国之所以前来攻打，是为他一人而已，而战争是会死人的，"偃王仁，不忍斗其民"(《博物志》)；自己主动弃位不做徐国国君，楚国自当罢兵息战了。然而，楚国没有因偃王弃位而退兵，还是把徐国灭了。

楚灭徐之说，可信度比较高。《竹书纪年》曰："穆王三十五年，荆人入徐。毛伯迁帅师败荆人于泲。三十七年，伐楚；是年，荆人来贡。"按此记载和相关史籍记载，楚国攻打徐国时，周王朝即派毛伯迁率领军队来救徐国，只因救援不及，毛伯迁转而去讨伐楚国，在泲这个地方把楚军打败了；过了一年，周王朝又兴师问罪，直至楚国认罪进贡。偃王弃位之后，周王朝又封偃王之子宗继徐国国君之位，恢复了徐国，这也是非周灭徐而是楚灭徐的一个明证。泲，在今河南浚县。

楚灭徐为何在一些史籍记载中会误为周灭徐或周联楚灭徐？徐国在偃王时期处于淮泗流域，与戎族部落地理位置相交集，该戎族部落被称作徐戎。《竹书纪年》：周穆王十三年，徐戎侵犯洛邑；是年十月巡游各地的穆王由造父驾车回到京都，次年率楚子讨伐徐戎，大获全胜。《竹书纪年》于西晋时面世，此前史家并不知此段史实，只知有穆王命楚伐徐之事，于是误徐戎为徐国，而穆王三十五年又发生楚灭徐事件，由此铸就了"徐偃王反"的千古冤案。

偃王弃国而走，去了哪里？历来众说纷纭，莫衷一是。有史籍记载，徐偃王弃国后即被杀了，其子宗率领民众到了彭城。又有一种说法：楚兵对徐偃王穷追不舍，一路追杀，结果徐偃王跳海自杀了。美国康奈尔大学学者罗斌（Robin McNeal）先生在浙江建德寻访徐偃王踪迹时还听到一个传说：徐偃王和妻子，以及毛、杨、魏、蔡四大将军在建德一座山里与追兵拼战，不敌被杀。更多的说法是：徐偃王逃到彭城武原县东山下隐居起来，跟他一起逃的徐国民众以万计。对此，《博物志》《后汉书·东夷列传》等都有记载，彭城因之改名徐州，而东山也因此改名徐山。韩愈《衢州徐偃王庙碑》则认为："或曰徐偃王之逃战不之彭城而之越之隅，弃玉几砚于会稽之水。"按此说法，偃王可能未去彭城，直接到了越国。偃王到越国又去了哪里？一说去了甬东，即现今宁波、舟山群岛一带，一说到了现今的龙游。还有偃王先去彭城后又到越地之说。《郡国志》《太平寰宇记》《大明一统志》等也持偃王逃战至浙江的说法。

如何理解徐偃王弃国避战之举？偃王弃国南徙为何谓之为仁？古时，诸侯封地为国，卿、大夫封地为食邑，诸侯国、食邑属诸侯与卿、大夫的私产，在封地生活的民众也是供诸侯与卿、大夫驱使奴役的私产。偃王因不忍民众陷于战乱，为保护民众生命财产而放弃君位，放弃属于自己的一切，此仁德在其时颇为罕有，故为历代所敬重、推崇。

仁义的力量是强大的，徐偃王因之而使徐国强大并赢得崇高的国际地位和威望；仁义的力量又是脆弱的，至于偃王临终有失国之痛："吾赖文德而不明武备，好行仁义之道而不知诈人之心，以至于此。"（《说苑·指武》）后人对此也有诸多评论，东汉王充在《论衡·非韩》里所说的观点颇具代表性："治国之道，所养有二：一曰养德，二曰养力。养德者，养名高之人，以示能敬贤；养力者，养气力之士，以明能用兵。此所谓文武张设，德力具足者也。事或可以德怀，或可以力摧，外以德自立，内以力自备。慕德者不战而服，犯德者畏兵而却。徐偃王修行仁义，陆地而朝三十二国，强楚闻之，举兵而灭之。此有德守，无力备者也。夫德不可独任以治国，力不可直任以御敌也。韩子之术不养德，偃王之操不任力。二者偏驳，各有不足。偃王有无力之祸，知韩子必有无德之患。"其中所说"韩子"是指韩非，战国末期法家代表人物。王充的观点简言之：治国之道文德、武力缺一不可，否则就会遗患无穷。后人从徐偃王失国事件中总结了颇多教训和经验，这也是徐偃王留给后世的弥足珍贵的财富吧。

光耀千秋

伟大的徐偃王，永远的徐偃王。

徐偃王"因仁失国"，历代对此多有扼腕之叹。然而，唐代韩愈却不以为然，他将同为嬴姓之国的徐、秦做了比较：徐以仁，虽偃王失国而其子孙复得国，徐国历史绵延至千六百年，且嗣后子子孙孙繁盛；秦以暴，将六国收归囊中占有天下后，却仅二世而亡。此可谓公允之论。

徐偃王当国，在奴隶制社会"被服慈惠"，给徐国带来了繁荣，让民众过上幸福的生活，同时在周边营造了相对祥和安稳的国际环境，赢得了国内国际广泛的信赖和尊重。应当说，他是"以仁治国"理念的试行者，并获得了巨大的成功。春秋时期，齐桓公向管仲咨询治国理政之道，管仲就以徐国说事：何为有道之君，何为无道之君；如何鉴别贤良之臣和屑小之臣（《管子·四称》）。听了管仲以徐国为教材上的课，齐桓公获益匪浅。或者可以说，齐桓公之所以成为"春秋五霸"之首，是因为汲取了以偃王为代表的徐国国君"以仁为政"的思想理念和实践经验的营养。

徐偃王以一国之尊，在强敌来犯之时不顾一生荣辱得失，为救民众毅然弃位避战。应当说，他是"以民为本""民贵"思想的真正践行者，其品德作为国君弥足珍贵。事实上，在古今中外漫漫历史长河中，为占据君位者不乏血腥的杀戮，而为了民众而视君位如敝屣者则寥若晨星。《水经注》载：徐偃王"不忍斗其民，北走彭城武原山，百姓随者万余家"。徐偃王避战而走，众多百姓不离不弃追随他，可见他是何等的得民心！

比徐偃王晚出生四百四十多年的孔丘赞叹徐偃王"躬行仁义，远近悦服"。孔丘创立了儒学，而"仁"是儒学的核心。有研究者认为，孔丘正是受了徐偃王"仁"的启发并予以整合使之理论化，后世才有了儒家思想的流传；换言之，儒学发轫于徐偃王。此说应是公允的。历史不可以忘记煌煌徐国，更应当铭记徐偃王。

徐偃王南迁的又一个巨大贡献是为南方带来了文明。徐偃王南迁有数万民众跟随，这是中华大地上第一次人口大迁徙，这支庞大的移民队伍成了中原文明和徐国璀璨文化包括"仁"的理念的播种者。安徽、福建、江西、江苏、浙江等地考古发现了大量徐国的文物，如徐王鼎、徐王庚儿钟、徐伯鬲、徐偃侯旨铭等，其中包括生产、生活、祭祀诸多方面的器具。江西靖安和高安江苏丹徒和六合浙江绍兴，等等许多地方出土了带有铭文的青铜器等文物，其所展现的古徐国的灿烂文化绽放着不朽的光芒。而浙赣闽皖苏等地，徐偃王城池、行宫、防地、墓碑以及带有"徐""泗"字样的地名繁多（带"泗"字地名是偃王以泗洪或泗县为徐国国都的纪念），这正是徐偃王南迁之后留存的印记。至于纪念、祭祀徐偃王的祠、庙、殿更是遍布此地，这又是徐国文化的一种留存，也是人们对徐偃王的深厚情怀的一种表达。

徐偃王是不朽的！

千秋为神万代圣

徐偃王在历朝历代都具有十分重要和崇高的地位，人们奉之为神，奉之为圣，故而在华夏大地尤其是江浙一带广为留存徐偃王遗迹，而供奉、祭祀徐偃王的庙、祠更是不胜枚举。兹据现有资料，对历史上存在的徐偃王遗迹、祠、庙做简介。

徐偃王避战南迁，一种说法是徐偃王到了彭城武原东山，凿石隐居，于是徐国人民纷纷汇聚于此。彭城武原即现在的江苏省徐州市邳州，东山因徐偃王而改名徐山。《水经注》："武原县东有徐山，山以徐徙即以名之也；山上有石室，徐庙也。"也就是说，徐山有凿石为室建造的供奉徐偃王的庙。另外，江苏省泗洪县临淮镇北三十里有古徐城，号大徐城，有偃王庙；铜山县南七十里又有徐山，建有胜果院（民间称升谷寺），供奉徐偃王。无锡城南二十五里有庙，近庙之山即名庙山。

清代徐时栋编撰的《徐偃王志》载："王之子孙以越为先王功德所昭垂，于是立庙以祀先王，浙是以多王庙。"浙江，为越地，是徐偃王子孙后代集聚之地，蒙偃王恩泽甚多，因此庙、祠遍布。

浙江省舟山群岛也是传说中徐偃王避战后的隐居之地。清代徐时栋《徐偃王志》载："定海之东四十里曰翁山，其上多仙人不死之药，大海环之。"偃王在翁山（也作瀚山）筑城读书生活至终老。翁山城隍头有庙，又有鼓吹山有庙，鼓吹峰之北有偃王祠。《徐偃王志》载：鼓吹峰"其岭平如掌，可容数百人，风雨晦暝之时隐隐有鼓吹声"。在舟山群岛偃王庙甚多，带"泗"字地名也多，如泗礁山、泗洲州塘、泗洲峤等，并有泗洲大帝庙，此大帝即为徐偃王。泗洲，即泗州，传说徐偃王曾建都于此，现为江苏淮安盱眙一带。因徐偃王避战于舟山，故舟山群岛多带"泗"字地名。

宁波鄞州区东南四十五里东钱湖畔隐学山有徐偃王墓，并建有棲真寺。清同治（1862年—1874年）《鄞县志》载，徐偃王隐学于此，其墓在"县东四十里隐学山，旧名栖贞"。栖贞，即棲真，后人为纪念徐偃王，把他读书的地方叫作"隐学书院"，把隐学书院所在的山叫作"隐学山"。晚唐时期，又在隐学书院所在地建造隐学寺供奉徐偃王，此为东钱湖畔最早兴建的寺院。象山县等地也有徐偃王墓。据龙游溪东《徐氏宗谱》，偃王坟陵在明州象山县海岛村盖屿山。

在黄岩县（历史上曾属太平县）西北三十五里大唐岭，传说中有徐偃王古城，古城东有偃王庙，庙南五里处又有叶、鲍二将军庙（当地传说中叶、鲍为偃王侍从武将）。黄岩县东南二十五里有胜果院，供奉徐偃王。

丽水（古处州）松阳上邑有庙，据溪东《徐氏宗谱》载，为鲁班所建。处州安国县有庙，高平县旧王城有庙，吴宁县有庙。

衢州城西有祠。唐代宗大历八年（773年）癸丑岁八月九日，衢州刺史徐向于灵山分香火所建；德宗贞元十五年（799年）敕刺史郑式瞻迎真容归；武宗会昌五年（845年）再建庙，僖宗中和四年（884年）被焚毁；僖宗光启三年（857年）工部尚书陈孺再建；昭宗天复三年（903年），司徒陈璋重修，增建四面廊宇。

江山市南二十五里有徐王山，该山东麓有押衙坞，相传为徐偃王驻兵之所。江山市东二十里有渐山，俗名大灵山，建有徐偃王庙；庙旁有三眼泉水，历史上遇旱，当地人就来祈雨，每有灵验。

常山县芳村镇井河村有徐王庙。当地传说，徐偃王始封于井河村建国。

嘉兴秀洲区（古秀水）西北二十里有庙，其西二十七里新塍（古新城镇）有庙，其北三十里思贤乡有庙。嘉兴西二十里有徐偃王庙，复礼乡有徐偃王墓。海宁西十七里有徐偃王庙。又据溪东《徐氏宗谱》：永嘉县、永宁县有徐皇庙，晋陵县东三十里有庙。

杭州临安於潜有偃王祠，於潜之西十五里有庙，其南三十里又有庙。

建德寿昌之东长岭有徐偃王行祠，据传某日当地有叶氏村民在长岭择地建坟墓，并在选中之地设标记；次日，当叶某又来到选中的墓地时，却有个香炉，是徐王庙中之物，于是此地被用作建造徐偃王行祠。寿昌之西大同有徐偃王之分祠。

龙游是浙江各地建有徐偃王庙最多的地域，据徐时栋《徐偃王志》，历史上"凡在龙游五百有余庙"（疑为五十余庙之误）。

龙游县城东三十五里有龙泉之庙，因龙泉溪得名，始建年代无考，宋淳熙年间（1174年—1189年）曾重建。元大德（1297年—1307年）至至治年间（1321年—1323年）又做修扩建，历时二十余年。在修扩建期间，某年大旱，溪水绝流，于是众人祈雨，迅即大雨滂沱，溪水猛涨，巨木随波逐流到庙后，工程施工遂得以进行。有李姓猎人弃业奉祀偃王，后竟能言人祸福，十分灵验。有得瘟疫者，进庙祭拜祈祷后，讨得香灰服下即病愈。元代郑伦《龙泉庙记》记其事。此庙所在地在今湖镇希塘。

龙游县东二十五里有筑溪，相传为偃王避战到达龙游后的第一站。偃王"乐其山水筑室于此"（徐时栋《徐偃王志》），故名筑溪。《北宋徐氏谱》也载："偃王筑室于竹溪之源。"竹溪、筑溪，现为竺溪，今湖镇有竺溪桥村，村有桥名竺溪。龙游县东十八里马报桥村有庙。

龙游县境内最著名、影响最大的当属灵山徐偃王庙，在现今溪口镇辖区。溪口有灵山，灵山下有溪，过溪有庙，是为仁惠庙，即徐偃王庙，并建有徐偃王祠。距县城四十里，始建年代不详，或为西汉末年曾任江夏太守的徐元泊迁居于此后乃建（据龙游溪东《徐氏宗谱》，庙为元泊公所立）。灵山原为泊鲤山，因徐氏族人聚居于此乃改名徐山。自有徐偃王庙，每祷必灵，有求必应，徐山乃改称灵山，灵山之下地名也称灵山。唐开元年间（713年—741年），有徐氏后裔在龙游为官，重修徐偃王庙；唐元和年间（806年—820年）徐放任衢州刺史，又重修徐偃王庙，并请位列唐宋八大家之首的韩愈作碑文。正因有韩愈碑，后人又建景韩楼一座。此后，庙屡毁屡建。宋绍定年间（1228年—1233年），衢州太守袁甫因徐偃王护佑一方，有大功德于民，乃上奏请封，嗣后朝廷下旨：徐偃王为灵惠慈仁圣济英烈王，王妻姜氏为协济夫人，子宗为祐顺侯，子横为祐德侯，子明为祐泽侯。自明代至民国初期，龙游县县令偕各级官吏在每年农历正月廿偃王诞辰日集体到徐偃王庙拜祭。际上村有庙。

据清徐时栋《徐偃王志》，东华、湖镇、沐尘、锦溪各有支庙，暨其乡隅亦各有支庙。

锦溪，现称塔石溪。《北宋徐氏谱》载："有行祠在水北锦溪，最著灵异。"水即瀔水，衢江古称。据考察推断，行祠当在现今塔石镇豆腐王村。

横山镇天池村溪东自然村曾有龙堂殿，供奉徐偃王。

龙游县城东郊有东华山，曾有徐偃王庙。据有关史料并访之老者，旧时农历正月廿为徐偃王诞辰日，先一日城中市北社、河西社、旌忠社、西华社、观风社、龙头社、雅正社（含阜宁社、教场社）、南洲社（含学前社）、城角社、新民社各里社都备办珍馐祭品送至城隍庙，然后由城隍率领各里社的土地登东华山为偃王祝寿。其时，"旌旄蔽空，箫鼓动地，仪卫之盛，络绎数里"（《龙游祠祀志》），极其隆重庄严。到正月廿一傍晚，城隍和土地回城，一路张灯结彩，热闹非常。正月廿日四方民众也会抬花灯进城，转而汇聚在东华山徐偃王庙为徐偃王上寿。这一天县城内有龙灯、狮子灯、走马灯、采茶灯、高跷等种种表演，无数彩灯争奇斗艳，十番锣鼓喧天，丝竹管弦齐奏，歌舞达旦。龙游灯节日期较之他处更长，是为偃王故。清乾隆时期衢州诗人叶闻性有诗云："凉风八月割禾时，里鼓咚咚响水湄。新秫酿成村酒熟，家家赛社偃王祠。"此诗反映的正是其时祭祀徐偃王的盛况。

龙游城内有徐偃王行祠，南宋袁甫知衢州时予整修扩建。

历史上在龙游境内衢江之畔有诸多徐偃王庙宇。

在龙游县与衢江区交界处曾有村庄名冇湖殿，其东冇湖北岸有穆湖祖殿，毁于"文化大革命"，尚存断碑两截。始建何时无考，清咸丰年间（1851年—1861年）"长毛反"时被毁，光绪年间（1875年—1908年）由十八个村重建。据当地老人回忆，庙旁有古樟需十余人合围，黄栗铁树也有碾盘一样粗，据此此庙历史应在千年之上。冇湖，也作毛湖，碑记则称穆湖，冇湖殿村在今衢江区安仁镇辖区内，具体区域未考。

盈川之东九龙溪东岸有徐偃王庙，又称广福寺。唐代初期盈川令杨炯因久旱求雨未果而投井殉职后，县人将杨炯郊外之私宅华杨林屋改作杨炯祠。后华杨林屋毁坏，杨炯塑像被搬入徐偃王庙，改称杨炯祠。此庙毁于"文化大革命"。盈川县系唐代时从龙游县析出。杨炯，与王勃、卢照邻、骆宾王被并称为"初唐四杰"，于武周如意元年（692年）任盈川县令，次年遇旱，民不聊生，据传他因求雨不果而投井殉职。

衢江区与龙游县詹家镇交界处有地名湖城，据传徐偃王在湖城之高堂山建有宫殿，而后此宫殿改作徐偃王庙，规模宏大。湖城现归衢江区，具体区域未考。

坎高村西南西湖南岸社屋岗有社神庙（也称社屋）。坎高西湖曾是衢江航道、盈川古渡的南埠，历史上人口稠密，商铺林立，十分繁华，这一带至今尚有染店、酱坊等地名。每年春秋社日，祭祀徐偃王之香火极盛。后来航道淤塞成旱地，渐成坟地。坎高村又有禄头殿，祭祀徐安贞，也供徐偃王。坎高村现为衢江区辖区。

高家村东北角有徐偃王庙。当地相传，随徐偃王南迁的另有八位国王，毛、杨、蔡、魏四位国王为武事，另外四位国王为文事。此庙塑有九位国王，俗称"九王殿"。惯例，每年秋收以后各地在庙里举行庆丰收祭祀活动，高家轮到农历八月二十六日至二十八日，这便是高家庙会的由来。高家村现属衢江区。

安仁乌头门有徐偃王庙，位于衢江畔，为洪水所冲毁。乌头门曾是龙游至衢州的驿站，每年秋收后于重阳举行庆祝活动，时间为农历九月初九至十一日，是为乌头门庙会。安仁现属衢江区。

马叶村有玺兴祖殿，其南有古樟树。据碑文记载，明洪武年间（1368年—1398年）此殿毁于战火，清道光年间（1821年—1850年）在旧址上重建，规模与唐公埠徐偃王庙相当。据传，徐偃王三太子徐明在衢江边守护玺研鱼剑，衢江南岸遂有玺坂村（里）。徐偃王至龙游，有三十六国（也有说三十七国）国民随行，三十六姓后裔在村南建玺兴祖殿。每年秋收后，家家户户蒸发糕，龙游发糕源于此。玺坂村后被洪水淹没，马氏、叶氏迁居于此又重建玺兴祖殿。民间传说，龙游城隍是徐偃王的外甥，每年秋收后的农历十月廿六日至廿八日，偃王、城隍互庆丰收，第一天在各自殿内庆贺，第二天外甥到娘舅处祝贺，第三天娘舅到外甥处回贺，是有三天庙会。后盈川南城与玺坂村均被洪水冲毁，庙会终止。马叶村重建玺兴祖殿后，庙会恢复，家家户户蒸发糕以待亲友，相沿成习，此即马叶庙会。20世纪50年代，部分庙屋用作马叶小学校舍，后又改作楼房，其余部分倒塌成废墟被用作农户建房地基。尚有玺兴祖殿碑遗存。马叶村现属龙游县詹家镇。

唐公埠有徐偃王殿，俗称同善寺，位于衢江之北岸悬崖之上，地势高，四面空旷。前殿后宫，四面石柱凌空而立，高大雄伟，周边还有书院等建筑。后因唐公埠徐氏式微，而迁居衢江对岸坎高村之唐公埠徐氏人丁兴旺，于是建徐偃王庙，有东中西三厅，但缺总厅，遂将日渐残坏的唐公埠徐偃王殿遗存连同刻有韩愈《衢州徐偃王庙碑》文的石碑及徐偃王训词一并搬到坎高村西北，作为徐氏总厅。后遇洪水冲击，坎高村人将其迁移到村东，又在庙北边新建城隍庙。再后来，城隍庙被改建为村办公室，徐偃王庙、城隍庙两庙合并，现仅存三间庙屋。唐公埠现归龙游县小南海镇红船头村。该《衢州徐偃王庙碑》石碑应系仿品。

团石徐偃王庙位于岩头底自然村东侧、夜壶墩对岸悬崖之上。夜壶墩为盈川潭尾部的一大巨石，俗称潭石殿。相传，七里垅口有篾缆修炼成了龙形，但要成为能上天的真龙必须入人胎一次。此篾缆于是向上游到岩头底，见一少妇在岩下浣衣，便化作一道金光，进入少妇肚中，十月怀胎产下一女，即为真龙。该庙因此又叫龙游庙。清同治年间毁于燹火，光绪八年（1882年）重建，光绪二十三年（1897年）又毁于大风。每年秋收后，盈川城隍庙与各村徐偃王庙轮流庆贺丰收，轮到团石的时间是农历十月十六日至十八日，此即团石庙会。团石村现归龙游县小南海镇管辖。

龙丽高速公路衢江大桥南桥头有徐偃王庙。相传，七里垅口篾龙向上游到对岸岩头底入少妇徐氏腹中成为真龙，其后徐氏又生一子，送入龙兴殿为僧。此子后又还俗为官，政绩斐然，百姓爱戴。为感谢母亲生育之恩，特建此庙供奉龙母并徐偃王。他死后成为龙游城隍。因生前常到庙里祭祀母亲和徐偃王，人们误认为徐偃王是他娘舅。这便是徐偃王与城隍是舅甥关系传说的由来。该庙里香火特兴，是龙母之故，因之俗称龙兴殿。此殿在詹家镇石亘。

上述所列，不免挂一漏万，因资料之缺而不能详尽。

徐偃王及其避战南迁之谜

徐偃王是个谜一样的历史人物。

出生之谜。据《水经注》《博物志》《后汉书》等记载，徐国有宫女有孕，产下一个肉卵，被认为不祥而弃之水边。有位叫独孤母的人养的一条名叫鹄苍的狗，到水滨把那肉卵衔了回来。独孤母觉得奇怪，遂将卵保暖加温，结果产出一个小男孩，"有筋而无骨"。小男孩被领回宫中养育，取名诞，长成继位为国君，有圣德，是为偃王。鹄苍死之时化为九尾黄龙，偃王命厚葬之。历史上非常之人自有非常异象、非常之事。徐偃王的出生经过极富传奇色彩，属一谜。而偃王"有筋而无骨"之说，犹为不可思议，大概是说身体非常柔软吧。

称王之谜。徐国于夏初封为子爵（也有说为伯爵）国。嬴诞为徐国国君之时，当周穆王之世，周王朝如日中天，掌控天下，他何敢称王？据史料记载，穆王六年，诞朝见天子，被封为"伯"，并受命统领东方各诸侯国。嬴诞"驰戈甲之备，坠城池之险，修行仁义，被服慈惠，视物如伤，以怀诸侯"（清徐时栋《徐偃王志》）。而周穆王则是个游嬉无度的天子，于是乎"四方诸侯之争讼者，不至周而至徐；讴歌者不讴歌周而讴歌徐。诸侯朝于徐者三十六国，相与尊奉为王"（《北宋徐氏谱》）。也就是说，嬴诞为王不是自封的，而是众诸侯国尊奉的。又一说：嬴诞出生时手掌有"偃"字，他做东方各国之领袖时，开挖通往陈、蔡两国间的沟渠，得朱弓赤矢，以为得天瑞，有主天下之命，"遂因名为号自称徐偃王"（《博物志》）。按此说，称徐偃王是嬴诞自封的。但不管如何，嬴诞僭越为王，必当不为周王朝所容而致灭顶之灾。更有可能是，嬴诞被称为王，或是在他身后追封的，一如孔丘、关羽被后世封"王"封"帝"。孔、关在历朝历代各有加封，唐朝玄宗时孔丘被封为"文宣王"，关羽在清代被加封为"关圣大帝"。

另一种说法：徐国地处淮泗流域，非周王朝所分封，不在周王朝统治范围，故诞乃自称为王。美国康奈尔大学学者罗斌（Robin McNeal）即持此观点，他认为徐国与周王朝不在同一系列，意为徐乃独立于周的国家。但此说颇可商榷：徐国国君并非历代为王，后世确认为王者唯三十二代嬴诞而已（另有驹王，史家未有定论）；再者，"溥天之下，莫非王土；率土之滨，莫非王臣"，据史料记载，嬴诞为徐国国君时，是受周王朝之命统领东夷各国的，可见徐国亦在周王朝统治之下。

断手之谜。浙江省龙游县各地供奉徐偃王的庙、殿里，徐偃王塑像大多缺一只手，有的缺左手，有的缺右手。何故？周朝诸侯国林立，我不犯人，人要犯我，徐偃王虽以仁治国，仍不免征战之事。民间传说，有一次偃王出征期间，恰逢母亲患病（一说诞辰），他挂念母亲，于是自断一手，派侍从送回宫中，以表亲身为母亲侍奉汤药（拜寿）之意。此一段传说，是表明偃王作为仁君、圣君也是孝子的典范。至于偃王砍下的是左手还是右手，在无证据确证他是左撇子的情况下，按常情常理应是左手。在龙游县小南海镇百姓中另有一说：徐皇太子（即徐偃王）本居天上，但好下凡间游玩。其母屡屡催促他回天上去，于是他一怒而自断一手寄送给母亲，以此表明誓留凡间的决心。此说更属无稽之谈了。龙游县社阳乡大公村还流传一说：偃王南迁现今的龙游，勤政爱民，无暇探望尚留在故国的母亲，乃自断一手寄给母亲以表思念之情。此说也为表偃王孝顺之意。在横山、沐尘等地，徐偃王断手另有说法，在此不做介绍，在后文胡公殿、马戍口、大公殿等介绍中有说明。

谥号之谜。古时无"偃"做谥号，既如此，嬴诞何被称作"徐偃王"？说法有三：其一，徐偃王诞生之时，是仰躺着的，乃为"偃"。此说显得过于牵强。其二，徐偃王诞生之时，左手握拳，至七岁时才张开手掌，手掌有"偃"字纹（一说为"偃王"二字）。是说又觉荒诞，不足为信。其三，徐偃王薨，随之南迁众臣民谥其为"隐"，因方言"偃""隐"音近，乃误"隐"为"偃"，"徐隐王"以讹传讹便成了"徐偃王"。此说应更具合理性。

徐偃王避战南迁之谜。

避战之谜。周穆王三十五年，徐国遭遇了劫难，一场兵灾致徐偃王弃国南迁。这场战争起因的说法有二：说法一，徐国得众多诸侯国拥戴，且在开挖通往陈国、蔡国的河道时得朱弓赤矢，嬴诞以为祥瑞，有主天下之命，于是起兵反周。正在昆仑与西王母欢会的周穆王闻讯，由造父驱车迅即赶回京都，联楚平叛。偃王曰："我闻之也，君子不处危邦，贤者不顾荣辱，吾其去之。"于是弃国南迁。此说法为《博物志》等古籍所记载。然此说有颇多疑点：徐偃王素行仁义而不修武备，何有叛周之心？再者，既已起兵反叛，怎会真要开战了却又弃国而逃？若如此岂不荒诞滑稽？又，周穆王在远离京师之西王母处，待到闻徐之变回救，岂能及乎？另，西王母是神话中之神，周穆王会西王母之说原就无可信。故而，徐反周此一说，恐属千古奇冤。说法二，楚国见徐国广受诸侯国拥戴，力量日益强大，乃起恐慌之心，怕有朝一日受制于徐，于是先下手为强，起兵攻徐，徐偃王"不忍斗其民"而弃国南迁。此说见于《竹书纪年》等典籍。《竹书纪年》载：周穆王三十五年，楚国入侵徐国，周穆王怒，命毛伯迁救徐，不及，乃伐楚，复封偃王之子宗为徐国国君。此说应可取。

南迁之谜。徐偃王避战而南迁，民随之者数万众。徐偃王南迁去了哪里？历史上众说纷纭，有说去了福建的，有说落脚浙江甬东，有说在江西的，诸如此类，不一而足，莫衷一是。有两个说法具代表性：一说"逃归彭城武原县"（《博物志》）。彭城，原应属徐国疆域，今属江苏徐州。而后，徐偃王率众迁居于今浙江省龙游县。另一说，"偃王逃战，不至彭城而之越城之隅，弃玉几砚于会籍之水"（韩愈《徐偃王庙碑》）。龙游原属越地，此处所说"越城之隅"或即指现今之龙游。后一说应更可信，事实上也广为南方徐氏族人所认可。西汉成帝时，曾任江夏太守的徐元泊迁居龙游灵山（江夏为今湖北武汉一带），始建徐偃王庙，从此灵山即成徐氏族人祭祖圣地，而元泊迁至龙游抑或正为追寻圣祖偃王之故；更有唐朝徐放任衢州刺史时重修徐偃王庙并请韩愈作碑记（半截残碑现存衢州市博物馆），愈加增加了灵山为徐偃王南迁之地的可信度。目前，浙赣闽皖、两湖两广、云贵川及东南亚地区徐氏人口量近三千万，都以龙游灵山为发祥地，前来祭祖者络绎不绝，尤以每年农历正月廿（传说中此日为徐偃王诞辰日）为盛。

作为距今三千年前的历史人物，徐偃王及其南迁事件有诸多谜团尚待破解，上述剖析只为浅见，须待进一步考古发现，以确凿依据一一证实纠正，当然此需待以时日。徐偃王南迁，是中国历史上一个大事件。他为南方带来了农业、教育、科技等文明，是华夏南方文明的开拓者；他爱护百姓而不以一人得失荣辱为念的品格为万世所敬仰；而他的仁爱、孝义思想更被学者推崇为儒学之渊源。因偃王南迁而以国为氏之徐氏族人生生不息枝繁叶茂，遍布神州大江南北乃至全球各地，而且徐氏族人更是英才辈出犹如璀璨繁星闪耀在历史长河之中。历朝历代，发掘、研究徐偃王者不乏其人，而当今弘扬徐偃王文化，亦见重要和迫切，需史学家和文化工作者们重之宝之。

"姑蔑国"之疑与毛令公非张巡之辨析

　　有一个说法，龙游系春秋时期"姑蔑国"之中心，民间也随之产生了徐偃王南迁至现今的龙游建"姑蔑国"、徐偃王与"姑蔑子"系舅甥关系等传说。"姑蔑国"之说，若冷静、理性地深入思考，细加推敲，存疑甚多。试剖析之。

　　"蔑""姑蔑"字眼在古籍包括先秦文献中偶有出现，如《左传·隐公元年》有："三月，公及邾义父盟于蔑。朱子克也，未王命，故不书爵，曰义父，贵之也。公摄位而欲求好于邾，故为蔑之盟。"又如《左传·定公十二年》："费人北，国人追之，败诸姑蔑。"这"蔑""姑蔑"是地名，春秋时期属鲁国，在今山东省境内，这是学界所公认的，在鲁国的"蔑""姑蔑"显然与现今的龙游无关。既是区域名称，是地名，不知后世有的学者凭何依据将"蔑""姑蔑"解释为族名、部落名甚至国名。这就很令人费解了。不止如此，有的学者竟将在鲁国的姑蔑定义为"北姑蔑"，且演绎出"北姑蔑"南迁的"历史事件"来。为什么臆想"北姑蔑"南迁？因为在古籍中南方也有"姑蔑"。《国语·越语》："句践之地，南至于句无，北至于御儿，东至于鄞，西至于姑蔑。"此中"姑蔑"亦是地名，属越国，而越国在南方，于是便有了"南姑蔑"。鲁国有姑蔑，越国有姑蔑，有人就硬是让北、南姑蔑攀上关系，且将姑蔑地名都解释为族名、部落名，于是就"发生"了"姑蔑族"或"姑蔑部落"之"南迁事件"。其实，如细加考量，将"姑蔑"解释为族名、部落名以及"姑蔑族"南迁的所有所谓考证，都是没有确凿依据的，几乎纯属推测。更可能是：鲁国的姑蔑与越国的姑蔑毫无关系，仅仅是重名而已。不同区域的地名相同是司空见惯的事，凭什么把地名解释成部落名、族名，然后臆想生活在同名异地的人群迁徙来迁徙去呢？

在先秦文献中，未曾有"姑蔑国"的任何记载，"姑蔑"成为国名，应源于晋代杜预的误批误注。《左传·哀公十三年》："六月丙子，越子伐吴，为二隧。畴无余、讴阳自南方先及郊。吴大子友、王子地、王孙弥庸、寿于姚自泓上观之。弥庸见姑蔑之旗，曰：'吾父之旗也。不可以见仇而弗杀也！'大子曰：'战而不克，将亡国。请待之。'弥庸不可，属徒五千，王子地助之，乙酉，战，弥庸获畴无余，地获讴阳。越子至，王子地守。丙戌，复战，大败吴师，获大子友、王孙弥庸、寿于姚。"这是春秋时越、吴两国一场战争的记载。杜预认为，越国部队里出现的"姑蔑之旗"是助越伐吴的姑蔑国的旗。问题是：吴王夫差之孙弥庸看到了越国部队里的"姑蔑之旗"，怎么会激动地大喊说是"吾父之旗"？难道弥庸之父是姑蔑国国君或是姑蔑国的将军而且助越伐吴？不是的，杜预在批注这段记载时说："姑蔑，今东阳太末县。弥庸父为越所获，故姑蔑人得其旌旗。"这里说的是，在某次吴越之战中，弥庸之父做了俘虏。但推敲杜氏的这个批注，又有说不通之处：姑蔑国人得到了弥庸之父的旌旗，怎么会在这次战争中用作自己的旗成了"姑蔑之旗"？换言之，"姑蔑之旗"怎么能是弥庸之父的旗？更合理的解释应当是：弥庸之父名叫姑蔑，姑蔑做了俘虏，越军摆出姑蔑的旗来鼓舞士气并羞辱吴军，于是激怒了弥庸。如前所述，越国有个地名叫姑蔑，但姑蔑也可以是人名，"姑蔑之旗"中的"姑蔑"正是弥庸之父。有考古者认为，此次吴越之战中出现的畴无余是姑蔑国国君，此说显然有悖常识：一国之君的名字怎会与下属将领的名字并列出现？这是有违于尊卑礼法的，在先秦古籍中不会有此类表述。畴无余、讴阳应同是越军之将，"姑蔑之旗"并非所谓姑蔑国的军队摆出来的。大概杜预在《左传》中看到鲁隐公、定公年间出现的"蔑""姑蔑"都是地名，也把哀公时泓上之战出现的"姑蔑之旗"之"姑蔑"想当然地认为也是地名、区域名，进而误解为是国名了。然而，姑蔑作为人名是可能的，"姑蔑之旗"的"姑蔑"是吴王夫差之子、弥庸之父的名也是可能的。事实上，作为地域名称的姑蔑不是国名，对此,《国语·越语》已说得明明白白:姑蔑与句无、御儿、鄞一样,都是勾践时期越国的领土边界。北宋时期龙游曾出现过"姑蔑宫",那应是以讹传讹,无中生有建造起来的,就如现今詹家出现"姑蔑城"一样,并非姑蔑国的遗存。载于《龙游县志》的所谓"姑蔑子墓"也很不靠谱,理由很简单:有一座"姑蔑子墓"就会有一个"姑蔑子墓葬群",就会有 N 座"姑蔑子墓",何况那已"发现"的所谓"姑蔑子墓"也只见文字不见任何实物证据。为什么非得钟情于姑蔑国呢?无任何点滴实物依据支撑的所谓姑蔑国有什么文化呢?事实上,越文化很丰富,龙游作为古越国的一部分就很值得自豪,而越国"十年生聚十年教训""卧薪尝胆"之精神更能激发人们发愤图强。

事实上,古人也会有许许多多认知的误区。比如《史记》,司马迁在记叙仅相隔七十余年的秦朝时就有不少差误。再比如中国人在数千年里一直认为人体有三百六十五块骨头,直至近代西方解剖学传入后才纠正了这一错误认识,而造成这一错误的原因是对《黄帝内经》的误批误注。不应当再在姑蔑国问题上只凭故纸堆里可能是谬误的文字做研究了,否则不但无益,而且有害,因为所谓姑蔑国其实并不存在。近年来民间已然出现把徐偃王当作姑蔑国始建国君的传说,徐偃王竟成了姑蔑国王,而事实上二者并无任何关联;甚至又把徐偃王当作姑蔑子的舅舅,而在历史传说中徐偃王与城隍才是舅甥关系。对于"姑蔑国",应当而且必须以像余绍宋先生那般审慎、严谨的态度对待,在出现确凿的实物证据前仍应视作"未知所据",无得妄作定论,否则会造成更多的文化乱象。

在龙游尚有文化界、史学界造成的谬误,虽属难免,但应有错必纠。如以毛令公为张巡,便是一桩张冠李戴的谬误。毛令公是江浙一带尤其是浙西地区民间信仰中的一尊神,而张巡则是"安史之乱"时在河南睢阳殉难的唐王朝官员。事实上,远在河南睢阳的张巡与江浙民众并无关系,换言之张巡的事迹再壮烈再感人也与浙西包括龙游民众无直接关系,又换言之浙西包括龙游的民众并不会知道有张巡其人其事。既如此,张巡怎么会成为浙西包括龙游民间根深蒂固广泛信仰的毛令公呢?有说法是:韩愈为龙游灵山徐偃王庙写过碑文,而韩愈是张巡的老乡。但事实上韩愈《衢州徐偃王庙碑》中并未提及张巡,张巡何得因韩愈而在衢州、在龙游成为民间信仰？又有说法：徐安贞尊崇张巡，乃以张巡配享在徐偃王庙。此说也无依据，民间信仰是百姓自发的一种情感寄托和崇拜，凭徐安贞一人之力怎能把张巡推上神位？又，"令公"乃是尊称，张巡既被尊为"令公"，何不与称郭子仪为"郭令公"，称杨继业为"杨令公"一样，称张巡为"张令公"？"毛令公"是张巡，"毛"从何来？改"张"为"毛"意在何为？既把张巡称为"令公"，而又为之改姓，恐也失尊重之意。事实上，河南睢阳并无毛令公信仰，此也可见张巡并非毛令公。那么，毛令公是何方神圣？有一个现象值得注意和重视：在诸多徐偃王庙里，供奉有毛、杨、魏、蔡四大令公，他们是徐偃王的侍从或手下将军；广访龙游民间，百姓也都称毛令公是徐偃王手下的将军或侍从，而且民间有许多关于毛令公的传说。事实上，只有有徐偃王遗迹和传说的地方才有毛令公信仰，龙游为传说中的徐偃王南迁之地，毛令公信仰就特别普遍，特别深入民心。换言之，毛令公与徐偃王是如影随形般的存在。在龙游灵山，民间世代相传有这样的故事：某年大旱，当地民众到徐偃王庙祈祷求雨，因徐偃王塑像高大且是固定的，民众即扛抬可移动的毛令公神像出庙求降甘霖，结果如愿。由于徐偃王庙护佑一方，禳天灾、除祸患、解急难，每有灵验，民众遂将当地由泊鲤改称灵山。泊鲤改名灵山，是西汉成帝时徐元泪南迁后的事。这个传说传递了一个信息：远在汉代灵山徐偃王庙即已供奉毛令公。如斯，毛令公的身份已然明确，就是徐偃王庙里站立在徐偃王身边的那尊神。据溪东《徐氏宗谱》，徐偃王四大侍从（将军）之"毛"，在宋孝宗时获封"灵助王"，是为毛令公辅助徐偃王护佑民众有功之故。

　　史学研究，包括民间文化研究，务须有刨根究底之精神，不能想当然，更不能凭喜好，如此方不贻误于后世，岂可不慎哉！

袁甫重建灵山徐偃王庙

在漫漫历史长河中，龙游县灵山徐偃王庙历经沧桑，因天灾人祸而屡毁屡建。据《龙游祠祀志》，南宋绍兴（1131年—1162年）、乾道（1165年—1173年）、淳熙（1174年—1189年）年间即屡有毁损；元代至正年间（1264年—1294年）遭火灾被毁后，至明朝重建；明嘉靖年间（1522年—1566年）又被毁，隆庆六年（1572年）龙游知县涂杰重建。作为仁义之君的徐偃王，龙游官方和民间都对之敬仰有加、推崇备至。自明朝始至民国初年，县官于每年农历正月廿日率大小官员在该庙举行祭祀大典，乃成惯例，因是日为徐偃王诞辰。

南宋时，衢州知府袁甫为徐偃王请封并重建灵山徐偃王庙之事，存有史料，谨记之。

袁甫，字广微，鄞州人（今属宁波），生卒年不详，南宋宁宗嘉定七年（1214年）进士第一。理宗宝庆二年（1226年）冬，袁甫任衢州知府。据《宋史》，袁甫在衢任职期间重耕读，颇多政绩，每年拨款二千缗（一千钱为一缗）以助学子，且买田两百亩扩增一家义庄规模，又因西安（原衢县）、龙游、常山三县穷困而代交赋税三万五千缗，还申报朝廷得以蠲免赋税四万七千缗。袁甫任职衢州期间，敬慕爱民之君徐偃王，常到灵山恭谨祭祀。宝庆三年（1227年），夏季大涝秋季大旱，民众纷纷到徐偃王庙祈祷禳灾。是年，仍获较好的粮食收成，民众认为这是徐偃王护佑之功，应当予以加封，为此袁甫特地上表朝廷申达民意。这年农历十二月，徐偃王庙旁某居民做饭时不慎酿成火灾，祸及徐偃王庙而致其化为灰烬。闻此，袁甫极为震惊，即发动、组织民众重建徐偃王庙。民众对此投以满腔热情，人人不遗余力地献智出力输财。袁甫也拨专款，拓展庙基，清除周边民居、店铺等屏障之物，建水池造楼阁，并在庙四周筑起围墙。新庙建成，四方百姓比肩继踵赶来焚香祭拜徐偃王。恰在此时，圣旨到，朝廷加封徐偃王为灵惠慈仁圣济英烈王，妻姜氏为协济夫人，子宗、横、明分别为祐顺侯、祐德侯、祐泽侯。袁甫作《衢州徐偃王庙记》并勒石以详记其事。

衢州徐偃王庙记

袁甫

礼：诸侯方祀山川之神，能兴云为风雨，在其地则祭之，古也。今之郡守视古诸侯。衢邦灵山有徐偃王庙，血食岁久，灵迹愈著，邦人虔奉如一日。宝庆二年冬，甫假守于兹，祀事惟谨。越明年，夏潦秋旱，祷辄响答，岁获中稔，民用辑宁，拜王赐为多。邦人佥言：王有大功德于民，封爵宜极褒崇；又，王妃、王子亦当隆品秩以侈报称。乃具以实闻于朝。事下仪曹，且施行矣。是岁十有二月，旁地居民曲突弗谨，延及王祠，倏为灰烬。守以事神治民为职。庙毁神怒，民失凭依，甫甚震惧焉，方慨然有兴复志。邦人有言，王功德在民，民痛栋宇之坏，智献谋，富输财，踊跃从事，一反手间，事济矣。于是协众志，捐郡帑。端绪始开，效财植之需，给工程之役者，输运辐集。乃广规制，乃拓基址，前祛蔽障，翠岩层出；背起楼阁，清溪环绕；贾区之淯处者斥之，祝史之根据者徙之；翼以重垣，周卫扈也；映以方沼，增胜概也。四方之民闻庙载新，炷香乞灵者肩相摩于道。适会前所请封爵事，仪曹关诸奉常，奉常上之朝省，朝省下之转运使者，檄严、婺官属互窍其事，合辞以闻。天子嘉王功德，加封灵惠慈仁圣济英烈王，妻姜氏为协济夫人，子宗为祐顺侯，子横为祐德侯，子明为祐泽侯，如所请。命下之日，甫躬率邦人郊迎。钲鼓嘈囋，夹道耸观，戴白之老，感动垂泣。乃委官僚奉安告命于朝，而礼于是成矣。

夫礼者，其天理之谓乎！人之事神者，以此神之所以为神者，亦以此贯幽显之间，未尝一日磨灭也。周穆连楚以伐徐，王不忍斗其民，流连失国。国可失也，而万有余家之从王者不可遏；弃玉几砚于会稽之水，几砚可弃也，而闻孙之死守王祠者不可绝。自周迄唐，更千有余年，庙宇陵剥黭昧屡矣。屋可圮也，而昌黎伯镌之石辞不可泯。自唐迄今，又更数百年，不知几坏几兴矣。世变可推也，而人心之依戴信向者不可夺。乃今郁攸挺祸，人谓不复有庙，而祠宇之轮焕，爵命之便蕃，二美集于一朝，光宠超于畴昔。剥穷而复，否极而泰，功久弥振，德久弥新，非天理周流不息之妙行其间，是孰使之然哉！藐尔守臣，非敢自谓不获罪于王也，求庶几不获罪于礼耳。乃于奉安之日，谓之辞曰：王之立国，仁以为基，施及百世，仁闻昭垂。昔诵王仁，得于闻知；今诵王仁，见而知之。龙丘之原有庙奕奕，民曰宜哉，竟赴厥役；帝曰休哉，宠光有赫。二美同时，王仁愈白。古也，有志复礼为仁，祀事孔修，惟礼是循。礼既无旷，仁心纯纯。愿推此仁，永庇生民。

惜乎此石碑现已不存。

袁甫在衢州知府任上，还修缮位于龙游县城之徐偃王行宫，并作《徐偃王行宫记》，勒石以记其事。时至今日，徐偃王行宫已踪迹杳然，石碑亦不复见。谨录袁甫《徐偃王行宫记》，以资考证：

徐偃王行宫记

袁甫

灵山重作偃王庙，前凿方沼，旷如也；后建杰阁，屹如也。庙貌显严，神人具喜。而行祠向之在城者，前隘后庳，规制弗称。余一日谒祠下，徘徊顾瞻，默若有启予者。亟呼工指画，疏旧池之芜秽，设周垣焉；拓故址之下窄，增内寝焉。于是，前之旷如，后之屹如，略与灵山等。呜呼！神无不在亦无在也，岂计此区区哉？顾念民覃主仁，千古无极，舍是则无以示昭报。厥今奕奕新宇相望，不越三舍，窃意云旆霓旌逍遥，二者之间景物如一，不移而具在，城之适犹灵山也。于是可以称吾民依归报事之心矣。工既竣事，酹酒告虔，乃作送神之词，遗邦人歌之。其词曰：朱弓兮发祥，玉几兮耿光。国易仁兮浸昌，缅行祠兮城一方。俨血食兮阅几霜，屋老兮暗其弗章，地偏兮威灵弗扬，羌回顾兮彷徨，拊予心兮弗康。灵龟告余兮十月孔良，亟其改作兮庙貌堂堂。碧沼邃宇兮匪王孰当，纷祈诋兮炷芗。罗酒肴兮芬芳，我王兮来降。容与兮相羊，春迟迟兮日载阳。淡微月兮秋夜长，我民兮世世不忘，镇兹土兮庆未央。

徐元泊

　　徐元泊，字文副，生卒年不详，于汉成帝阳朔二年（前23年）卜居太末县泊鲤，即现今龙游县溪口镇灵山。因曾任江夏太守，元泊被称作灵山徐氏"过江始祖"。

　　徐元泊其人，史籍不见有载。综合各地徐氏宗谱，元泊于汉元帝建昭四年（前35年）任江夏太守，至成帝河平二年（前27年）升迁为秘书监金紫光禄大夫。

　　元泊何以南迁？据1991年新编《龙游县志》：汉徐元泊，成帝时江夏太守，避王莽之乱，于汉阳朔二年（前23年）自江北迁徙太末县城南泊鲤村（今灵山），其后世系累叶相接，遍布县境。自元泊始，迄今六十四代。

　　该志所载，应本于灵山徐氏宗谱。徐元泊迁太末之说，也多见于浙江其他地方的徐氏谱。遂安《龙峰徐氏族谱》有北宋赵抃序，序曰："汉江夏太守元泊公，先居丹阳，后避王莽，渡江下车姑蔑城。"云云。但元泊为避王莽之乱徙居灵山之说有误。查史料，王莽于公元前22年二十四岁始为官，任黄门侍郎，此后一直以谦谦君子面目示人，勤于政务，严于律己，礼贤下士，即便封侯居高位依然如此，是朝野倚重的周公式的人物，被视为挽救大汉危局的不二人选，至平帝死才做了假皇帝，至公元8年末乃篡汉建新。白居易有诗云："周公恐惧流言日，王莽谦恭未篡时。向使当初身便死，一生真伪复谁知。"王莽只是因为篡汉建立新朝且施政失败而被盖棺论定为"乱臣贼子"的。元泊南迁泊鲤在王莽始为官的前一年，更距王莽建新朝逾三十年。由此可见，元泊迁居泊鲤与王莽无涉,"避王莽"之说无据。至于究竟何故,因缺史料无从确知,或为成帝不君,元洎预感宦海凶险、政局不可收拾而弃官南迁。但元洎迁居泊鲤则是徐氏族人公认的。

据有关宗谱,汉成帝阳朔二年五月初四,元洎自丹阳(现属江苏镇江)渡江,一路寻访先祖偃王南迁定居之地,经现今的东阳,又步行至义乌,得悉偃王曾隐居于太末,于是潜行而至泊鲤,自此与妻王氏定居于此,并建徐偃王庙。求子得子、求雨得雨,徐偃王庙护佑一方颇有灵验,因元洎定居而改名为徐山的泊鲤山又因徐偃王庙之灵而改名灵山,泊鲤溪得名灵山江,泊鲤村为灵山村,田畈也得灵山畈之名。

元洎迁居灵山后,在两千年漫漫历史长河中,子孙繁衍,散居华夏各地,且人才俊杰辈出。龙游古代有龙丘苌、徐伯珍、徐安贞"三贤",其中南齐徐伯珍、唐代徐安贞皆为元洎后裔,分别为元洎十五代、二十一代孙(以元洎为第一代)。衢州有抗金名将徐徽言,受封忠壮公,自宋以降,历代祭祀不绝。据有关徐氏宗谱,徽言为元洎三十七代孙。灵山为南方及东南亚地区徐氏发源地,而据溪口镇大沃口村退休教师徐树木查阅诸多宗谱后统计,全国有十六个省市有灵山徐氏迁入始祖。现今灵山多有徐氏遗存,比如徐氏古井等,而带有徐字的地名也多,如上徐、下徐、五里徐、徐家、徐山、徐山路等。至于中华大地尤其江浙地区,以"徐"为名之地也颇多。

赫赫庙宇

　　龙游为传说中的偃王南迁之地，历史上供奉徐偃王的庙宇遍布龙游。在频遭劫难后，近二十年来龙游各地因陋就简又涌现徐偃王庙宇。

　　走访民间，循复建徐偃王庙宇之迹，尽力挖掘传说故事。

徐偃王庙

　　龙游县城南二十公里许有灵山古镇，现属溪口镇辖区。因被誉为龙游"母亲河"的灵山江穿境而过，自古以来灵山系水运重要埠头，乃成商贸繁华之地。西汉末年，曾任江夏太守的徐元泊追寻先祖偃王遗迹卜居于灵山（其时称泊鲤），并建徐偃王庙。清光绪年间所修《灵山徐氏宗谱》又有载："偃王遗庙在焉，元泊公乃重立之。"据此，灵山徐偃王庙始建年代早于元泊南渡卜居泊鲤之时，徐元泊为重建。据灵山《东海徐氏家谱》载，唐元和九年（814年），衢州刺史徐放重修徐偃王庙，并请大文豪韩愈撰写了《衢州徐偃王庙碑》碑记。

　　徐偃王庙位于灵山忠政街，坐西朝东，其后为泊鲤山，此山于徐元泊迁居后改名为徐山，山脚即为泊鲤溪（即灵山江）。原庙宽十八米，深四十五米，总面积逾八百平方米，至1942年扩建超过两千平方米。庙门之左侧有四柱茶亭，青石砌就，宽两米，高三点五米，一年四季为香客商客和过往行人免费供茶水。庙门之右侧设香炉，亦用青石板砌就。庙前又有正方形旗杆柱座两个，相距三点五米，各一点五米见方，雕刻有花纹图案。庙北侧设"积谷仓"，储存余粮，用于救济饥荒；南侧建"景韩楼"，为徐氏族人议事场所。

　　庙之正门距街七米，有二级台阶，为八字门，宽八米，高三米，凹形朱色，可推拉，其两侧各有两扇棚门，亦朱色。门壁和顶壁有徐偃王功德事迹图，顶壁金色竖匾"徐偃王庙"四字为柳（公权）体楷书。此匾精工细作，显得庄重而肃穆。尤须特别说明的是，此匾竖立安置。

　　进徐偃王庙，跨零点五米高门槛，即为前庭，有木制屏风护壁。前庭高八米,四柱四拼,其柱直径四十厘米,朱色,鼓形底座,下置石覆盘。前庭三间房,中间设戏台,高约一点七米,戏台下大厅可容五六百观众,而左一间为通道入中庭,右一间用于演员化妆休息。中庭高阔,供看戏及徐氏族人摆生日宴、节日宴,两边则设吊楼,灯火通明,直达戏台,为有身份的徐家夫人专用。中庭南北两侧各有边门,通巷街,便于人众疏散,起安全门之效。后庭徐偃王圣像高四米,正对韩愈《衢州徐偃王庙碑》之高大玉石碑,圣像上方悬挂书有"神恩远播"四个大字的金镶玉横匾。徐偃王座前设香炉烛台。后庭左右后壁皆为徐偃王仁政事迹和皋陶、伯益、大禹等故事之文章绘画,以及历代颂扬徐偃王之诗文。庙内三庭之间皆有天井,以利通风采光。

宋代以降,该徐偃王庙因战乱等种种,屡遭毁坏,而每每又得修复重建。至民国时期,军阀孙传芳部将庙内千年古迹毁坏殆尽,韩愈碑也被断为两截,据传有半截为孙部某师爷掠走,所幸庙建筑物和徐偃王圣像完好。1942年5月,日寇进犯,放火焚毁灵山,徐偃王庙四十一间房屋建筑因之被毁。嗣后,当地民众集资在原址建毛令公庙,此庙在"文

徐偃王庙

化大革命"时期被红卫兵拆除,之后建起"灵山大会堂",用于放电影、开大会。

时隔半个世纪,居住在灵山古镇的赖如凤、陆贾林、王登发、何其寿、叶兴琴、苏瑞琴等人发起重建徐偃王庙,年逾八旬的刘培荣、许华琴、徐克才也热心参与其中,教师陆樟枝、洪恢苟等人则凭借所教学生之人脉关系申办建庙手续。为筹集资金,当地群众纷纷捐钱,有的还进县城募集经费,县城年过八旬的严美珍、吴悠奶捐资超万元,七旬老人潘根银则捐资八千元。腿有残疾的徐克才更是怀揣徐氏宗谱拄杖到金华、丽水、衢州等地以及福建、江西、江苏、安徽各省寻求援助。为了重建徐偃王庙,人们倾注了极大的热情,发生了许许多多可歌可泣的故事。

新建的徐偃王庙卜址在灵山古镇之东约一公里之馒头山,坐北朝南,面积逾千平方米,另建有五百余平方米大礼堂。十六年后的2011年,由浙江徐偃王文化研究会发起修缮徐偃王庙,其间重建门亭,新建石亭、石牌坊各一座。徐偃王庙为二进,前进徐偃王居中高坐,圣像右手掌部位以长袖覆盖,徐偃王坐像上方匾额为"神恩远播"四字,其左为毛令公,右为徐震。后进供奉如来佛、药师佛,两侧则为十八罗汉。庙之东屋供奉观音、弥勒、济公等,再东有小庙供奉土地公公、土地婆婆,西边则有屋供奉地藏王菩萨,庙前山腰建有财、水、火三神殿。大礼堂作集会、议事、演戏之用,在徐偃王诞辰日进行祭奠活动时也用于摆设福宴。

历史上每年农历正月十九,灵山一带有传统庙会。是日傍晚五时许,鞭炮、锣鼓声震天动地,由金毛狮子开道,腰鼓队、高脚牌队、清洁龙队、断头龙队随后,村民们抬着毛令公塑像出巡,接受民众朝拜。每到一家,户主必燃放鞭炮,敬上红包。

民间传说,龙游县城东二十里的湖镇镇竺溪桥村为偃王南迁龙游的首个落脚点,因此处开阔,无险可守,徐偃王后又率众进入社阳深山,此处即现今的大公村。大公村空间狭小,不足以安置随之南迁的数万民众,徐偃王又率大部民众移居泊鲤,即现今的灵山。灵山一带隐藏于深山而地形平坦宽阔,其时仅有三条道路通往外界:东南方经沐尘马戎口通遂昌,西北方出石墈通衢州,东北方由红庙通龙游城。正是进可攻退可守,自此偃王定居泊鲤,百姓安居乐业。

　　据灵山《东海徐氏宗谱》，徐偃王迁居灵山，曾去衢州访友，寻求安民兴国之计，后积劳成疾而羽化升仙，享年六十七岁。当地老人称：偃王仙逝，葬毛家岭，墓门朝东。

　　徐元泊迁居泊鲤，兴建徐偃王庙。自此，每有大旱等天灾，当地居民到徐偃王庙求拜，便能要风得风、要雨得雨，十分灵验。由此，泊鲤乃改名灵山。

　　1995 年某夜，居住灵山古镇的赖如凤忽得一梦：徐偃王在毛令公陪护下巡视各方，当来到灵山时见庙已无，遂嘱她发起重建庙宇。次日，赖如凤即将梦中情景告知乡邻，徐偃王庙乃得复建。

　　大沃口村与灵山古镇毗邻，徐氏人口居多，为 20 世纪 60 年代建造新安江水库时淳安移民居住村。徐氏移民淳安时也供奉徐偃王，据老者称，每年农历正月廿徐偃王诞辰，徐氏族人从徐偃王庙扛抬徐偃王塑像到祠堂供奉，演戏三天三夜，然后将徐偃王送回庙。庙与祠堂相距约五里，虽在严冬，也不论雨天雪天，每次扛抬徐偃王时，都有两只彩蝶翩翩飞舞，相随左右。又，庙与祠堂绝不染蜘蛛网等秽杂之物，甚整洁。

大公殿（大公村）

社阳乡大公村位于龙游县东南部，距县城约三十余公里，处于群山环抱之中，地形狭长，原名长枝，亦曾名九龙谷，一道山溪由南而北穿村而过，村民依山傍水而居。山溪原名长枝源，现名大公溪，大公殿位于大公溪西岸。

据大公村朱氏家谱记载，明崇祯年间（1628年—1644年）朱熹后裔为避战乱而迁居于长枝，到清康乾年间人丁兴旺。大公殿的前身是牛角殿，建于明代，系简陋小庙，供奉两只狮子，至清雍正年间（1723年—1735年）扩建以供奉徐偃王。各地供奉徐偃王之庙宇多称仁惠庙，而该村朱熹后人特推崇徐偃王大公无私之品德，乃将殿称作大公殿。自此，八方善男信女前来祭拜徐偃王，都称"到大公殿"，久之大公殿便成了长枝、九龙谷之代称，原村名则渐至忘却。20世纪50年代初期，为"破除迷信"，村名去"殿"字改为"大公"。

大公殿背山临溪而建，坐西朝东，两进三开间，门楼为重檐歇山顶，建筑面积四百平方米。正殿分上下进，中隔天井，上进徐偃王居中高坐，面容慈祥而庄严，左手掌龙袍覆盖。徐偃王塑像上方有"文德常昭"四字横匾，其下香炉一字摆开，毛、杨、魏、蔡四大侍从站立两侧，天井与正门牛腿、屏风等构件均雕刻精美。偏殿内设观音堂，也分上下进，中隔天井，观音与十八罗汉塑像居上进，弥勒佛、韦驮在下进。整座殿横梁竖柱所有木构件皆朱色。历史上大公殿经多次修缮，清道光二十二年（1842年）重修时铸钟一口，民国年间也有民国初年（1912年）、民国廿四年（1935年）、民国三十五年（1946年）三次修缮，历次重修其规模依旧。

2008年，大公村与茶园、金沟合并为新的大公村，总计千六百余人口，其中朱氏人口约三百人，其次池氏、张氏、叶氏人口为多。

龙游县城东二十里处有竺溪，为长枝源之下游。据传徐偃王南迁后曾于此筑室而居，遂得名筑溪，后改名竺溪，现有竺溪桥村，归湖镇镇管辖。徐偃王定居筑溪后，常到民间访贫问苦，足迹遍及三叠岩、方山坪，也溯长枝源而上至九龙谷，广施仁义。

明代时，九龙谷有好事者用树木雕刻狮头，用苎麻编织狮身，一雌一雄，并为之建牛角殿供奉。享香火日久，此对狮子便有灵验，人们虔诚焚香祷告便能求子得子，求女得女，祈风得风，祈雨得雨，得病者剪下几根狮尾毛用开水冲服即能康复。牛角殿香火日盛，四乡八邻前来祈福者络绎不绝。某年遭遇天灾，当地民不聊生，便无人拿贡品供养狮子。有日，某村民在一个叫后坞的地方干活，看到一对狮子在田中吃麦子，于是大呼小叫喊来众人驱赶，结果其中一只狮子跑向山坞，无影无踪，

大公殿

而另一只狮子跑进牛角殿。人们追到殿内,发现一双狮子少了一只雌狮。双狮落了单,至清雍正年间乃改牛角殿为大公殿。

　　某年清明节前,大公村有村民朱某挖了几担春笋到县城销售,为清明灯会筹资,却不料春笋滞销。至清明节前一日傍晚,他贱卖了春笋,买了灯笼蜡烛连夜动身要回村去赶灯会。刚出城,见前面有一人在赶路,朱某即紧追赶上,问:"到哪里去呀?"那人答:"我是去大公看灯会的。"于是二人同行闲谈,只片刻就看到了灯塔。朱某心想,这一路来只有楼下村有灯塔,难道已到楼下村?走近一看,果然是楼下村的灯塔。他吃惊道:"这么快就到楼下了呀!"过了楼下村便是山区,山影重重,而且路越来越窄、高低不平,朱某就在灯塔旁点起蜡烛,提着灯笼在前面照路,同行者在后跟着。只一盏茶工夫,那同行者对朱某说:"已到了,再见。"朱某回头一看,不见了同行者,朝前一看果然已到大公村口,而灯笼内的小蜡烛尚未燃掉一半。朱某大为惊异:县城到大公少说也有六七十里,怎么只一会就到了?回村后朱某将这件异事跟乡亲们细说了一遍,大家都说一定是徐偃王派神明一路陪护他回村赶灯会的。

　　清明节灯会遇雨,大公殿钟鼓响起即会雨霁天晴。每每如此,或为巧合,当地民众称为一奇。

灵岩殿

灵岩殿位于大街乡岭脚村石岩底，建筑面积四百八十五平方米，坐西朝东，硬山顶马头墙，三进五开间。前进为厅堂，中有天井，两侧各有厢楼。后进明间两缝五架，前后双步。次间、稍间为穿斗式，鼓形础，为清代晚期建筑风格。徐皇太子居中而坐，右手掌部位为黄龙，毛、杨、魏、蔡四位令公分立左右，其右为关公、武财神，其左为文昌帝君、五谷神。

殿内中堂两侧金柱挂有对联，字迹斑驳，然犹可辨。上联"朱瑞弓赤瑞矢瑞朝普传盛事"，下联"修灵山坐灵岩灵威永振千秋"。有石碑镶嵌于墙，石碑保存较为完整。石岩底之东约一公里为东山，半山腰曾有东山殿，供猎神。据石碑碑文记载，东山殿始建于清乾隆年间（1736年—1795年），至道光（1821年—1850年）末年因火灾被毁，始于石岩底建观音阁，又建灵岩殿供奉徐偃王。另据有关资料及当地老者回忆，历史上灵岩殿规模宏大，有五十六柱，雕梁画栋，正屋三开间两进两搭厢，有楼连天井，八字门楼，拱形门框，有西洋风格。该殿于1941年被日寇烧损，之后重修。"文化大革命"期间，塑像尽毁，灵岩殿被用来堆毛笋、办竹拉丝厂，一片狼藉，而观音阁则先后被改作学校、村办公场所，至2011年转卖给村民。

现年六十二岁的卢樟林原系沐尘畲族乡庆丰村人，二十年前入赘岭脚。某日，其妻赖瑞兰与村里几个妇女去近十五公里外的灵山烧香拜佛，回村后即说起建殿之事。卢樟林即与几个村民用数日时间清理了灵岩殿杂物秽物，随后央人画了徐偃王、关公、文昌帝君像挂在墙上供奉。

1999年，他又与几个村民发起修整灵岩殿、重塑神佛像，特买了一本功德簿挨家挨户写缘，第一日化得一千二百五十元，次日又到本村和周边村化得一千三百余元。接着，乡亲们出力捐物，终使灵岩殿焕发新的气象。

岭脚村地处深山，环境清幽优美，灵岩殿处于进村路口。全村七百余人口，以邓、赖、郑、张、何等姓氏人口居多。

恩赐殿

位于横山镇贤求朋村及王祥里自然村,紧靠一座名为后山的小山包,坐西朝东,深约十六米,宽约十二米,分两进。原有天井,天井上方在殿重建时被覆盖,殿内十六根粗大石柱为深红色,大门外墙两侧呈八字形。后进正中供徐王,徐王之右为财神、五谷神,之左为送子娘娘、地藏王,之前左右分别站立一尊持笔的白面书生和高举铁锤的黑脸武将,后进两侧供八仙。徐王右手掌部位为黄龙之首。所有神、佛为泥塑。

据当地传说推测,原殿始建于清朝末年,所供徐王神像为木雕,因颇有灵验,该殿香火极旺。每年农历正月初六,脉元村都会将徐王请去供奉祭拜,至初九日送回恩赐殿。"文化大革命"时,殿内神佛像被毁,房屋被用作生产队仓库。20世纪80年代实行分田到户,该殿因失管而渐至倒塌,房梁屋柱腐烂,地面杂草荆棘丛生,一片荒凉狼藉。十余年前,时年逾六旬的刘竹梅、罗爱文等发起在原址重修恩赐殿,先后到周邻各村写缘计得五万余元。刘竹梅三个儿子也给予大力支持,出钱捐物帮助修殿。历两年余,于2009年恩赐殿完成重修。

贤求朋村一千三百余人口,以周、吴姓氏为主,另有薛、邵、傅、黄、姜、陈、缪等氏人口,王祥里自然村主姓王。

贤求朋村原名堰口,又名堰口棚。清朝末年,村里有薛姓后生熟读经书,但每每考场不利。面对白发苍苍的父母,薛某羞愧难当,便独自在村口一道溪流边堰口搭茅棚苦读。某夜,薛某读书已久,不觉困倦,竟昏昏沉沉趴在桌边睡去。忽然,有一位俊朗男子来到薛某面前,薛某认出是徐王，连忙下跪叩拜。徐王对薛某说：你饱读诗书却不能高中，只因你只知读书而不事农桑，致父母为供你读书长年劳累；若你懂得为父母分劳分忧，则考取功名便如囊中取物了。徐王说罢，飘然离去。薛某梦中醒来，细思徐王教诲，心中愈加愧疚。为牢记徐王教导，薛某专门画徐王圣像供奉在茅棚里。自此，他在发奋读书的同时，还到田里劳作，懂得孝敬父母尽人子之道了。次年，薛某参加科举考试，荣登榜首，如愿成为一名秀才。薛某的奇异经历传开后，四乡八邻的民众纷至沓来祈福，后来就在堰口棚所在位置建造一座殿供奉徐王，且因感念徐王恩德，取殿名恩赐殿。此即恩赐殿建造之缘由。

北垅祖殿

　　坐落于小南海镇雅塘村彦塘坞自然村西北部,始建年代无考。综合村民回忆所提供资料,或建于明初,与大有殿同时,所用钟鼓从上海通过水路运抵,其中钟重达千斤。供奉徐皇太子并观音等一百又八尊神、佛,香烟请自大有殿。

　　该村庄以张为大姓,据谱载为南宋名相张浚后裔。"文化大革命"初期,该殿被毁,其时村民偷偷哭泣者众,却迫于形势而无可奈何。在砸毁北垅祖殿时,已年逾八旬的张成生躺在床上偷哭,其孙媳罗爱文悄悄安慰:待有时机,即当复建。2001年,年届七旬的罗爱文不忘承诺,与王汝凤(是年六十三岁)等以建造"老年人活动中心"名义发起重建北垅祖殿,乡亲们迅即热烈响应,有钱出钱、有力出力,仅十七天即告竣。其间多有来自上级官员干扰,然众多村民坚守殿内,不容毁坏,表示宁可伤及自身亦不许损坏殿内一物,于是新建北垅祖殿得以保全。此殿建于原址,建筑面积一百三十余平方米,规模与原殿相若。每年农历正月及农历每月初一、十五,本村庄居民与周边群众纷至沓来祭拜徐皇太子,风俗依旧。

　　彦塘坞西北部小山包连绵,山包下即为北垅畈,有田地百余亩。十余道山垅自山包蜿蜒而下,汇聚北垅畈,成群龙吮吸之象。据村民传说,因该地煞气重,致村庄居民多病痛。曾有云游僧人途径此地,嘱当地居民:如建殿庙供奉神佛,可保世代安康。张氏先祖乃建此殿以镇邪。

　　该殿徐皇太子塑像左手掌为青龙头。当地流传:徐皇太子原居天庭,好在凡间游玩。母亲屡屡催促返回，但徐皇太子不肯，乃自断左手寄回天庭给母亲，于是左手化为青龙。

清道光年间（1821年—1850年），有个绰号"老牛牯"的张某连生七女，已年过半百却无一子，他为此忧心忡忡。某日，老牛牯下地干活，路经殿前，偶抬头见徐皇太子塑像，便说：都说你很灵验，如你保佑我得生一子，当为殿内每尊神、佛换上新装。之后，其妻果产一男，且容貌极像徐皇太子。此子长至十六岁夭折，据算命先生说，所以如此，乃"老牛牯"所发"重塑金身"之愿一直未兑现之故。

殿后有一棵千年古樟，原殿被毁后枝残叶败，树干千疮百孔，成了夜猫等兽类安家之所，最大的一个洞成年人亦可任意钻进钻出，整棵树渐至枯死。北坈祖殿复建后至今，古樟树身所有坑洞全愈合平复，树冠如盖枝繁叶茂，令人赞叹称奇。

北坈祖殿

附：大有殿

距彦塘坞约三里有个村庄，名大有殿，2008 年归并小南海镇东塘山村。村庄因殿得名。大有殿原为崇元、塘下张、丁家、马坪张等各村合建，犹以杨家村出资最多，约占九成。据小南海镇傅家新村杨家自然村年逾九旬的杨凤麟老人称，大有殿始建于明代，坐北朝南，五进三明堂，规模超一亩，第一进供有三清、观音等仙、佛，第二进即供奉徐皇太子和毛、杨、魏、蔡四大侍从，徐皇太子头戴紫金冠，左手手掌部位系龙头。另有大有殿自然村八旬老者周炳云回忆，大有殿有戏台、厨房等附属建筑。而据彦塘坞老人回忆，大有殿之钟鼓与北垅祖殿同时运抵，钟重一千五百斤。

大有殿至民国末年失于管护，逐渐损坏倒塌。"大办钢铁"时期，殿旁一棵树干直径一米有余的大柏树遭砍伐用于烧木炭炼钢铁，至此大有殿无有遗存。

留口殿

溪口镇枫林村位于群山环抱之中，距灵山古镇约五公里。留口殿始建年代无考，现在的留口殿是于1998年重建的，坐落于该村乌龟山，坐北朝南，占地千余平方米，建筑面积约三百五十平方米。徐偃王塑像居主殿，其右有文昌帝君、关羽塑像，其左有杨令公、地母娘娘；殿东有观音堂，西有侧殿供奉阿弥陀佛、观世音菩萨、大势至菩萨西方三圣。

留口殿

历史上留口殿历经沧桑，几度修缮。据残存石碑，民国七年（1918年）、十五年（1926年）即曾重修过。原殿位于村庄北面枫林后山脚下，"文化大革命"时期塑像被毁，房屋建筑则保存完好。20世纪七八十年代，该殿被拆除改办集体茶厂，原址仅有一棵参天古樟巍然矗立。1997年，村民高樟云、张荣寿、蓝连芬、韩元玉等发起重建留口殿，乡亲们热烈相应，周边各地群众也纷纷捐钱献物援助。次年，在原殿址东南一公里许的乌龟山动工新建留口殿。

枫林村曾以徐氏族人为多。明代中期有徐氏老人过世，经风水师踏勘选址安葬于现今的大街乡大街村，随后有惠字辈徐氏兄弟俩为守墓迁居大街；又历三代，因社阳乡源头村风水优胜，遂有徐氏族人从大街迁居源头。现枫林村已无徐氏人口，何以如此，不详，唯尚有徐家弄堂为曾有徐氏族人在此繁衍生息之印记。

据传，留口殿原名后山殿，建于枫林后山之山坳。很久很久以前某日，大山崩塌，整个村庄被掩埋，而后山殿则被推移至山脚竟完好无损。因此场大灾难仅留一殿，且处山口位置，故此殿乃改名留口殿。枫林村人对此事件世代相传，啧啧称奇。

居住某深山的李某患病，到处寻医问药而久治不愈，眼见病情日重不得活了。忽一日，有一郎中背着药箱来到李某家里，送药令其服下，结果药到病除。李某请教尊姓大名、何方人氏，郎中告以姓钟，居住枫林，随即飘然而去。过了些日子，李某备办了一担礼物，翻山越岭寻到枫林村，寻访钟郎中，村民却都称村中无此人。李某心中茫然，挑着担进留口殿歇息，忽见杨令公塑像，认出正是来家为他治病的钟郎中，于是跪下叩拜不已，随后将一担礼物赠送殿里。原来，留口殿前有棵大棕树，杨令公受徐偃王指派去为李某治病时，随口自称姓钟。钟与棕谐音。

大公殿（马戍口村）

沐尘畲族乡马戍口村地处深山，属龙游县最南端，与遂昌县北界接壤。大公殿坐西朝东，一道山溪由南而北绕过殿后，此山溪为灵山江上游段。神像分神厨供奉，徐皇太子居正位，左右有毛、杨令公，其前面设一神厨供魏、蔡令公；徐皇太子右侧供奉财神、土地公，合一神厨；徐皇太子左侧供奉关公、送子观音，各居一神厨。各神厨有八仙等彩绘。

该殿系古建筑，面积逾三百平方米。雕梁画栋，梁柱漆成红色，徐皇太子塑像上方有"惟德动天"横匾，各柱有对联，如"无贪心无私心心存清白真快乐，不寻事不怕事事留余地自逍遥"，如"保仕子三元及第，佑农民五谷丰登"，等等。一根横梁有墨迹，一头写着"清乾隆二年新建"，另一头有"民国十五年"等字样，据此推测该殿应建于清朝乾隆时期，或原即有殿而于乾隆二年（1737 年）重建，并于民国年间重修。殿内有石碑一块，字迹模糊，可辨"嘉庆丁卯年三月"等字，当系记载当年在该殿发生的一件盛事。

在"破四旧"年代，殿内神像被毁，1996 年曾春根等村民发起重塑徐皇太子、关公等神像，并增设观音塑像，而后当地政府又组织人员毁除塑像。2007 年，曾春根等再次发起塑神像，得到乡亲们大力支持。现该殿由九十一岁的雷琚云等负责日常管理。

马戍口村一千七百余人口，以张、刘、石为大姓，另有曾、曹、华、毕、苏、包、蔡、官、江、盛等氏人口，亦有雷、蓝、钟等氏的畲族人居住。

当地传说，徐皇太子曾好赌，后悔悟，乃自断右手以明戒赌之志，自此勤政爱民行仁义。

20 世纪 60 年代某年，山溪溪水暴涨，迅即淹没村庄，而地势较低的大公殿却未遭水淹。村民纷纷进殿祈求徐皇太子保村庄平安，洪水很快退去。此类事在马戍口村已发生多次。

马戍口村平安祥和，百姓安居乐业，当地乡亲认定系徐皇太子护佑之故。

神郎殿

　　神郎殿位于大街乡新槽村村北山脚下。一道山溪涌出大山穿村而过，神郎殿处于山溪的山脚进口处，当地人又称之为"水口殿"。坐东朝西偏南，面积约五十平方米。居中供徐偃王，两旁则为财神、土地。

　　该殿原为始建于明朝万历二年（1574年，又有说为万历廿年，1592年）的徐皇殿，曾位于新槽村科里自然村海拔约二百四十米的神

神郎殿

郎山。当地传说，某年山洪暴发，徐皇殿的香炉随波逐流至新槽，即在水流中打转，不再往下游而去。于是新槽村民先辈就在香炉停留处的溪岸边建殿，是为神郎殿。据新槽村有关资料，神郎殿建于清咸丰四年（1853 年），房屋三间，山墙为观音墙，八字门檐柱两个牛腿雕刻凤凰、孔雀等动物及花卉。历史上，神郎殿几经损坏、几经修复。"文化大革命"期间，殿内所供奉神像被毁，后村民又重塑徐皇。20 世纪 90 年代初，大街乡与溪口乡合并为溪口镇，镇领导指令毁神像，自此该殿处于失管状态。1996 年大街恢复乡建制，新槽村村民纷纷呼吁修复神郎殿，重塑徐皇神像，邱土芬、邱国美等四名妇女遂承担起此重任。她们一方面挨家挨户去写缘，一方面上山砍伐树木修缮朽坏的屋柱，终将神郎殿修葺一新。此后，神郎殿由退休教师叶宗立等人负责守护。

新槽村以傅氏人口居多，另有邱、康等氏人口。

据当地民众称，到神郎殿求签都极灵验；有胸闷气短者，到神郎殿上香后，便神清气爽，身康体健。

转山殿

　　社阳乡源头村位于龙游县南部山区，在衢州、丽水、金华三市交界处，距龙游县城约四十公里，一道山溪由南而北穿越村庄。

　　明朝末年，大街乡徐氏宝廿六公名忠迁居源头。据《源头徐氏宗谱》，清代康熙（1662年—1722年）初年，徐氏族人在村西金字山下之北边建徐偃王庙，坐西朝东，面积不足二十平方米。此庙香火鼎盛，来自各地的香客甚众，因而场地显得狭小。清乾隆十四年（1749年），因徐偃王庙之南约百米处的转山头的山下地势开阔且环境清幽，乃迁建徐偃王庙于此，改称转山殿。该殿坐北朝南，初建面积犹小，不足一百平方米，而香火愈盛。至民国十四年（1925年），徐氏立常、学仁、庆吉、庆煜四人发起改扩建，募得五百银元，该殿遂有三间。民国二十六年（1937年），该殿又做修缮扩建，有五间二厢房规模，建筑面积两百平方米。1953年至1968年，转山殿改作村小学校，"文化大革命"初期殿内神、佛塑像被毁。后因失于管护，房屋坍塌，转山殿成废墟。

　　2010年，源头村民在原址重建转山殿，规模与前相若。新建转山殿分前后二进，中隔天井，后进居中所供徐皇圣帝红衣黄袍，左手掌部位为红色绣花长袖覆盖，毛、杨、魏、蔡四令公分列在前；徐皇圣帝之左为关羽及关平、周仓，之右为送子观音、布袋和尚、托塔天王。殿内有钟鼓，其中钟有铭文，可辨识为民国八年（1919年）由杭州进购。

　　每年过农历年，当地村民必得进转山殿向徐皇圣帝等神、佛上香祭拜，然后方可吃年饭。为抢先上香，各户主都在除夕前夜进殿，彼此路遇都默不作声，是为恭敬虔诚之意。此在源头村相沿成习。

转山殿

逢年过节及农历八月初一，村民都会进殿焚香祭拜。农历正月十五，村民举节节龙进转山殿舞蹈，从前进到后进绕过每根立柱后在殿门前舞动，之后进徐家祠堂，再后巡村，挨家挨户送福送吉祥。此亦为源头成规。

源头村有人口一千两百余人，徐氏族人居多，有七百余人，另有张、朱氏各两百余人，又有韩氏等。

源头村东南方六十余公里金华、丽水交界处有个叫三潭的去处，属遂昌县境内。历史上遇旱，源头村与邻近的上阳、井上村都会各选派二十名青壮年去三潭求雨。他们将备好的鸡、肉、酒、饭并香、烛到殿（庙）叩拜徐皇圣帝，然后上路。一路上大伙心怀虔诚，不得胡思乱想，也不得说任何秽语坏话，来去的路上不许沿途有人晒衣服，否则到不了三潭，也求不得龙水。到三潭后，由随同去的法师念经发碟，然后在水潭里抓条小鱼或石蛙等水生动物，将之装进瓶子里，是为龙瓶。龙瓶需由专人一路挑回，中途不得换人。三天后回到源头，进转山殿向徐皇圣帝禀告，之后游村，将龙瓶里的水生动物倾倒在金岭坑龙井水潭里。至此，求雨过程完成，不出三日便降甘霖，极有灵验。

清朝光绪年间（1875 年—1908 年），源头村有徐氏女嫁到现今的溪口镇枫林村，生一子，取名纲苟。纲苟聪明伶俐，好学上进，少时即写得好文章，后参加科举考试，却每每考场失利。又一年即将应试，其母要他去源头祭拜徐皇圣帝，求得保佑。结果此年纲苟金榜题名。民国初年，纲苟担任遂昌县长，此后每年都到源头祭拜徐皇圣帝。其时食盐紧缺，源头村人去处州（今丽水市）购买食盐，纲苟都热情接待并准予放行。

传说当地某户家富人丁旺，购得徐偃王庙原址建房居住。不久，该户祸患不断，六子中有三子因各种事故亡故，后又有一子精神失常放火烧毁房屋。村民称，该房屋所在位置原为徐皇圣帝居所，不宜建造民居。

村中小孩有病痛，父母长辈进殿（庙）焚香祷告求护佑，小孩则病痛减缓甚而消失，每有灵验。

附：徐氏祠堂

源头村徐氏祠堂始建于清乾隆年间，咸丰年间（1850 年—1861 年）为太平军焚毁，同治年间（1862 年—1874 年）重建。占地三百八十余平方米，坐西朝东，面阔一百三十五米，进深二十六点六米，沿中轴线自东而西依次为门厅、大堂、后楼。为典型的浙西民间祠堂建筑风格。

童坛殿

　　童坛殿位于模环乡蛇塘坞村天井翁自然村之南约两百米处，坐南朝北，建筑面积逾百平方米。徐王大帝和夫人居中高坐，两侧各有观音、关公，殿左后侧另有土地庙。

　　据有关资料，童坛殿始建于明代，面积达两千余平方米，为三进二明堂，有戏台、伙房等，另有观音堂。该殿历史上香火极盛，远近闻名。

童坛殿

20世纪50年代初土地改革，童坛殿被分给七户农户，遂成民居，神、佛塑像被毁。

2008年某夜,天井翁农妇廖招娇得一梦：徐王大帝要她重建童坛殿。次日，她将此梦告知丈夫、婆婆，年逾八旬的婆婆祝卸美遂鼓动儿子吴卸文相助建殿。得知要重建童坛殿，乡亲们纷纷响应，捐钱献物出力给予热情支持。当年十二月，童坛殿建设工程即告竣。根据老年人回忆，建殿时，特从兰溪请来师傅在殿内塑徐偃王等神、佛像。

天井翁以翁、余、祝氏人口居多。

当地传说，某日有外地香客进童坛殿后，随手将药物放在徐王大帝前的供桌上。是日晚饭前，廖某服药，不意喉咙火辣辣地痛，如同针扎一般，连开水都不能下咽。经人指点，此人祈求徐王大帝原谅把药物放在供桌上的过错。祷告毕，专到童坛殿焚香祷告，其喉部疼痛顿消。

又有一传说，天井翁有中年汉子起夜时突然昏倒，牙关紧闭不省人事。其家人连夜来到童坛殿，跪拜徐王大帝祈求保佑。很快，该汉子苏醒过来，康复如初。据当地村民称，类似情况已发生多起，患者每每在徐王大帝的护佑下转危为安、起死为生。

据说某夫妇结婚多年未能生育，就特地到童坛殿求拜徐王大帝，结果次年即生下一对双胞胎儿子。北京、杭州等地也有人专门到童坛殿求子嗣，且皆如愿。

飞龙殿

　　沐尘畲族乡社里村地处深山，村西有一道山岗蜿蜒而上，恰如一条上山龙，龙首是座小山包，海拔高度三百三十余米，当地人称之为仁峰山。飞龙殿建于龙首部位，坐东朝西，正殿深约十米，有二进三间，中有天井，神像供奉在后进：正中一间徐王居中高坐，徐王之左为龙王，右为禹王；龙王之左一间为观音及善财童子、玉女，禹王之右一间为关公及关平、周仓。三间相通，仅以木柱分隔，木柱有联："千处有求千处应，万家有求万家灵。"正殿北侧原为用餐场所，近年改作观音堂，南侧则另建小庙供奉土地。

　　该殿占地六亩余，由殿拾级而下即为空阔平地，可供香客休憩、用餐。

　　据《沐尘畲族乡志》（编撰于 2014 年）载，飞龙殿始建于清乾隆年间（1736 年—1795 年）。因地处深山，此殿虽为泥墙瓦房，但一直保存完好，香火甚旺。在"破四旧"年代，殿内塑像被毁，房屋被用作办村小学校，后又被废弃而致失管，日久倒塌，殿被拆除。据当地老人回忆：约 2005 年，该殿残存木料被搬运下山，拟用于建村部会议室，时年近六旬的邓忠生看到一根梁柱上有墨写"清乾隆""重修"等字样，便坚持把木料重又搬上山，之后发起在原址重建飞龙殿。重建之初，由九人组成管委会，仁峰山自然村百余人口人人捐资，又有村民捐砖木，更有村民踊跃搬运水泥等建筑材料上山。两年后，砖木结构的飞龙殿竣工。按传统习俗，飞龙殿每年举办两次庙会，农历八月初六至初八为固定庙会，另在农闲时节择日举办一次庙会。新殿建成后，首次庙会接待用餐香客即达八十余桌，仅制作豆腐便用了一百一十多公斤大豆，可见盛况。

社里村系畲族村，有八百余人口，以蓝姓为多，另有雷、钟等畲族姓氏，汉族则有邓氏等。

早年，社里村际下自然村有十来岁徐氏小孩失踪，家人四处寻找一星期，无果。忽一日，小孩在村口出现，乡亲们甚感奇异。小孩家人外出求教算命先生，被告知是徐王指引、护佑该小孩回家。

乌龙殿

　　一道低矮的山冈由西而东蜿蜒至横山镇河宗村安头自然村，犹如一条长龙，满山冈生长着茂盛的杂木，乌龙殿就坐落在山冈东头山脚下，翠竹簇拥，樟树遮护。但乌龙殿之得名，却非因这道山冈。

　　乌龙殿原名五龙殿，始建于1924年。该殿坐北朝南，大门边西侧外墙镶嵌的石碑记载其前世今生。民国十三年（1924年），徐生土从志

乌龙殿

棠迁居安头，与原住户刘裕品、周文金、董光培三人首倡兴建供奉徐皇大帝之殿宇，得到全村热烈响应，遂建成一间二十平方米泥墙瓦房，并塑徐皇大帝、观音等十尊神、佛。因殿前溪上架有五座桥，乃取名五龙殿。次年，徐生土得第六子；又次年，他于农历正月廿日在五龙殿举办庆喜宴席，全村坊男女老幼齐聚欢会，便是过往行人也可与村人一起吃喝。自此，村中有人家只要生儿育女，必在农历正月廿日在殿内举办喜宴，相沿成习。民国二十九年（1940 年），徐炳芳、刘裕品发起将五龙殿扩建为三间六十平方米，重塑神、佛，并建如意亭一座，举办宴席则摆放在如意亭。扩建后的乌龙殿在开光之时，连摆三天宴席，连演三天三夜大戏以示欢庆。

1966 年，红卫兵拆除五龙殿，毁坏神、佛塑像，五龙殿所在遂成一片废墟。

1996 年，安头徐阿根发起在原址重建庙宇，供奉徐皇大帝画像。因殿前小溪已被水泥路面覆盖，五座桥亦不存，遂取殿名乌龙殿。十年后，徐阿根、徐在龙、徐锡堂、包阿香、徐金凤、黄阿金、罗志兴等发起扩建，恢复乌龙殿三间六十平方米规模，塑徐皇大帝、观音、财神、五谷神等十二尊神、佛，次年农历三月开光之时连演四天大戏，并在乌龙殿西侧新建土地庙一座。

安头自然村约一百二十人口，姓氏杂，张、章氏人口稍多。农历每月初一、十五，本村坊和四邻八乡善男信女即汇聚乌龙殿敬香。

当地传说，民国时，五龙殿举行开光大典，建德寿昌某人赶来凑热闹。酒醉之时，该人口出不逊之言，意为：如此小殿，有何灵验？话音才落，便一脚踏空跌落殿前溪中，当场死亡。

又有传说，安头张某新婚，到殿内焚香许愿：如能早生儿女，当长供奉果品三牲。张某如愿生育一子一女后，却一直未进殿还愿。结果，儿女长到六七岁，先后离奇夭折。自此，安头及周边村坊新婚男女必进殿烧香叩拜，祈求保佑生儿育女，并都不忘还愿。

隆兴祖庙

　　詹家镇石亘村位于衢江南岸。唐开元年间（713年—741年），有道士到石亘，以之为形胜之地，乃始建龙兴寺，其时徐安贞恰升任中书侍郎。岁月沧桑，至清光绪三十一年（1901年），乡贤吴际元（拔贡）发起重修并扩建龙兴寺，并改称"隆兴祖庙"。隆兴祖庙坐南朝北，三进二明堂连天井，另有官厅。徐皇大帝在第一进居中高坐，另有二十一尊

隆兴祖殿

固定神、佛塑像，又有十八尊可移动神、佛塑像，被称作"十八社虎"。每年除夕年夜饭前，由黄家、李家、杨家、徐家、前游、詹家、后里、大龙头、麻油仓等村坊各抬"十八社虎"之中一尊神、佛进村过年，元宵节后则又重抬回隆兴祖庙。该庙处衢江之畔，面临码头，衢江上游之开化、常山，下游之金华、杭州，由水路经过的各地商贾旅客到此皆上岸进香求护佑，香火极盛。据当地老人回忆，民国时期，隆兴祖庙周边还有茶馆、肉铺等，俨然小集市，甚为繁华。

"文化大革命"期间，隆兴祖庙内所有神、佛塑像被毁，建筑物亦遭损坏。现存房屋仅后进两间为清代末年建筑。2005年初，村民徐正梅、余银花、章汝梅、卓冬琴、吴水姣、郑雪梅、项寿鸽、刘素琴、方菊卿等冒严寒四处写缘，募得四千四百七十九元，用于重整隆兴祖庙。2007年农历四月廿五日，举行徐皇大帝开光隆重典礼，五百余信众汇聚烧香跪拜，参加福宴的信众多达六十余桌。自此，每年农历四月廿五日隆兴祖庙都会举行活动，为徐皇大帝进香。

民国时期，石亘村家家户户养母猪，所产猪崽下颌都长一颗痣。兰溪等地农户到石亘买猪崽，必进隆兴祖庙向徐皇大帝敬香，据说如此买回去的猪崽就易养，长得快。

某年，吴某双腿出现无名疼痛，到处寻医问药无果。他于农历正月初一进庙烧香祈求徐皇大帝保佑，数日内疼痛即除。元宵日，吴某特进庙焚香，并在庙前大放鞭炮焰火，感谢徐皇大帝。

禹王殿

　　沐尘畲族乡庆丰村于 2008 年由祝家、路头两个村合并而成，位于海拔六百余米的深山区。禹王殿坐落于祝家北村口，为水口殿。三源溪隐在草木、巨石间，由南而北蜿蜒流经殿之西侧，附近有馒头山。该殿供奉三尊神像：徐王居中，徐王之左为禹王，之右为禹王夫人。占地五百余平方米，建筑面积约八十平方米，另在引水渠道上铺设水泥路面

禹王殿

近三百平方米用作演大戏。殿内柱上有"天地无私为善自然获福，圣贤有教修身可以齐家"等楹联。

禹王殿始建于北宋徽宗建中靖国元年（1101年），历史上香火极盛，有坐轿骑马者进山必在殿前停留，而殿里则备茶水、针线、草药、烛纸等以供香客使用。"破四旧"时，殿内所供神像被毁，栋、柱等因失于管护渐至霉烂，以致房屋倒塌。2012年，馒头山自然村一百八十三名村民每人出资一百元重建禹王殿，并得寓外人士、企业主捐助。殿建成后，开光之日有千余香客汇聚，极具兴旺气象。

按习俗，该殿每年择日举办打醮活动，请法师诵经念咒，每回打醮都请来戏班子演三天三夜大戏。另，当地以农历八月初七为徐王诞辰日，以六月六日为禹王诞辰日，此二日都举办庙会。

当地有民谣：螺蛳坝水口，富贵应后头。流经禹王殿西侧之三源溪呈"之"字形，如螺蛳状，风水甚佳。经此进山有双戴村等村庄，历年来人才辈出，有华裔美籍学者，有多人就读清华大学，还有多人在各地为官。

据说重建禹王殿后，该殿主事者专去遂昌寻访法师，请教神像安放位置，被告知徐王应居中，禹王和其夫人分居两旁。如法安放后，村里老者看了齐赞得位，因原殿神像安放正是如此。

胡公殿

横山镇会泽里村东头有胡公殿，坐北朝南，建筑面积三百余平方米，八字门楼，门楼檐柱与额枋间用小牛腿，木雕刻哼哈二将。檐柱雕刻神话故事。梁柱牛腿用长机，长机承斗拱，通体木雕花卉和戏曲人物图案。二进三开间，中隔天井，前进明间七檩抬梁用四柱，前进次间山缝七檩穿斗用七柱；明间梁呈方形，左右分别雕饰双羊、双兔及戏曲故事图案。柱、梁之间用雀替，木雕饰花卉、动物图案。后进明间七檩用四柱，次间山缝七檩穿斗用五柱，明间梁呈方形，木雕饰卷云纹和蝴蝶图案。鼓形础，梁柱用材粗大。天井用青石条铺筑，天井四隅檐柱四只牛腿木雕站立、骑马武将图案各二。硬山顶，外饰马头墙，外墙彩绘、墨绘壁画隐约可见。该殿具民国时期寺庙建筑典型风格。

供奉胡公大帝，另有药师佛、文昌帝君、文财神、关公等。胡公之右供奉徐王、武财神。徐王塑像左手掌部位为黄龙之首。

民国十三年（1924年），北伐军一一七师驻扎会泽里，师长信步村庄，见两座山包形如狮子，其间空旷，认为风水殊胜，可供神佛。民国三十三年（1944年），殿乃兴建。其时，所建胡公殿雕梁画栋，极豪华，所用木料等多为西安峡口（今衢江区峡川）香客馈送。

20世纪50年代"土改"时，神像被毁，该殿被用作小学校；"文化大革命"期间再遭劫难，牛腿等构件被剜挖。久之，此殿破损严重，成了危房。在殿后山包新建学校后，该殿被用作学校食堂，在烟熏火燎之下更是残破不堪，于是被废弃。殿门西侧一棵树干需三人合抱的大樟树则在"大办钢铁"时被毁。

胡公殿

2005 年始，村民廖海峰自行寻找木料等材料，并出资雇请木匠，将胡公殿修缮一新，重塑胡公、徐王等神、佛像。

会泽里村有一千五百余人口，李姓约千人，另有童姓三百人，其余有陈、廖等氏人口。

当地传说，徐王原为一国国王，因不忍战乱不断带给人民苦难，于是发愿弃王位以升天为神仙来护佑天下百姓。正腾空升天之时，其母不舍，拉住徐王左手，而徐王心意已决，便自断左手升天而去。

胡公殿所在位置原有一棵樟树。据说民国年间村民方顺标孤身度日，穷困潦倒，常年疾病缠身。某夜，方顺标得梦：樟树下有泥丸可治病。他取泥丸用西头山包下泉水服下，果觉神清气爽。自此，四邻八乡民众有疾病，都来该樟树下捡取豌豆状泥丸服用，每有奇效。之后方顺标又得梦：樟树上住着胡公，应建殿供奉。此即胡公殿建造之缘由。初时为条件所限，村民搭建起茅棚以供奉胡公，香火极盛。

徐王庙（双潭村）

2008 年，小南海镇双塘、半潭两个村合并为双潭村。双塘原有双塘殿，规模宏大，建筑面积上千平方米，有三进二天井，供奉徐王太子、毛令公等。边屋三间两搭厢，有戏台，又有厨房两间。有泥塑徐王像，高丈许，气象庄严；另有香樟木雕塑徐王太子像，每年农历正月十五、重阳节等节日，即被村民扛抬进祠堂接受八方香客焚香祈福，并出巡洋塘、大垅等村坊。徐王太子进祠堂和巡游，所到之处众人敲锣打鼓鸣钟放鞭炮，又有坐唱班唱戏，热闹非常。该殿有专人守护，有田地出租。每年农历十月初十日，都对双塘殿进行检修，查漏补缺，翻修屋瓦，然后合村聚餐欢宴，并张贴公布殿内一应收支账目，接受乡亲们监督。民国末期，边屋曾用作学校。"文化大革命"期间，殿被毁，塑像被砸被烧，原址渐成村民宅基地用于建造住房。该殿始建年代无考，两棵古樟犹存。

2010 年，吴美姝、林金英等善男信女发起募集资金兴建徐王庙，卜址于双塘殿原址之东约五百米外金马店自然村。该庙坐北朝南偏西，面积七十余平方米，徐王居中，毛、杨、魏、蔡四将分列左右，并供奉观音、韦驮、五谷神，弥勒菩萨面朝庙门。

双潭村一千八百余人口，半潭自然村以徐氏人口居多。

当地流传一个故事：古时，双塘有富豪之家长辈亡故，请风水先生选墓地，结果选中金马店一块宝地，称将长辈安葬于此，其后代将出天子。若干年后，兴建双塘殿，选址在墓地之前头，紧邻墓地。富豪不许，认为在此建殿，必坏其风水。一场纠纷闹到官府，官府审案，问：殿建在墓前面还是墓建在殿前面？答：是殿在墓前面。官府随即断案：既殿在前墓在后，有何疑哉？不得阻扰建殿！官府偷换了空间和时间的概念，将"殿在墓前面"曲解为殿建造时间在墓之前。官府一锤定音，双塘殿得以兴建。

又有传说，早年双塘殿收租谷，有代收人私贪，致佃户有口难辩。毛令公为此进行调查，托梦将代收人私贪情状详细告知管理双塘殿的斋公。斋公按照毛令公指点，查清代收人收租始末，并找出赃谷，还佃户清白。该村老者称，毛令公乃徐王太子侍从。

徐王庙建成以来，村庄祥和，村民遇险也总能逢凶化吉。

徐王庙（姜家村）

詹家镇姜家村位于衢江南岸，原有徐王庙，始建年代无考。据当地老人回忆，原庙在村中央，有前后二进，徐王在前进居中高坐，塑像五米多高，气象庄严；徐王左侧为徐王太子，即徐王之子，此为所有供奉徐偃王庙宇中所特有；庙内有四大天将侍立东西两侧。在"破四旧"时，庙内塑像全部被毁，徐王、徐王太子被扛抬至衢江沙滩焚烧化为灰烬，庙被用作村小学校，后又被用作大队部办公场所。

现在的徐王庙建于2014年，位于姜家自然村东头，坐北朝南。复建之时，当地村民自愿捐钱出力，在姜家自然村建起一座占地约一百二十平方米的房子，有村民自行雕刻佛像、龙等供奉其中。庙中所供徐王太子端坐轿中，塑像眉清目秀，面带微笑，右手执扇，一副怡然自得的神态。村民中凡遇高考、患病、建设工程开工等事都进庙焚香祷告，祈求护佑顺利、平安。

现该庙无徐王塑像，亦未书写庙名，门口挂"姜家村老年人活动中心"牌子。

姜家村位于衢江之畔。村民代代相传：很久很久以前，衢江发大水，有一尊神像从上游随洪流来到该村江边。有村民将神像推向江中，意欲使之往下游而去，而神像却依然回转靠岸停下，如是者三。村民顿悟，知该神意在姜家常住，于是建庙供奉。此尊神像即为徐王太子，后又经高人指点供奉徐王。自徐王庙建起后，姜家村风调雨顺，物阜民丰，村人安居乐业。

志棠红殿

横山镇志棠村位于龙游县境最北端，与杭州建德市、金华兰溪市接壤。村东之北面有志棠红殿，据当地人称有两百余年历史，后在"文化大革命"期间被毁，被改为大会堂，既用作放电影、演样板戏，也用作批斗地富反坏右分子。"文化大革命"之后先后被用作办地毯厂、鞋厂。

2006 年前后，村民邵菊君等人发起在原址重建志棠红殿，乡亲们纷纷捐资献物出力襄助，累计投资在四十万元左右。新修的志棠红殿坐东朝西，有八间，佛、神塑像多为善男信女个人捐赠，有佛祖、观音、文殊、紫薇大帝、文昌帝君、关公、财神、土地、花娘娘等七十多尊，且有钟鼓。

徐皇、后王塑像端坐轿中，毛、杨、魏、蔡四令公分列两旁。徐皇，当地民众又称作徐皇圣帝；后王是何神，村民语焉不详，有称系徐皇兄弟。徐皇、后王塑像为木雕，四肢可活动，以便按节令更换服装。每年农历正月，村里壮汉即抬徐皇、后王巡视地方，并挨家挨户送福送吉祥保平安，其间还在殿前搭台演大戏，喜气洋溢，十分热闹。

志棠村有一千八百余人口，以邵氏、席氏人口居多，其中邵氏人口约千人。

建德寿昌有寺供徐皇，志棠一带民众不惧六七十里之遥，不畏登山之险常去该寺敬香。某夜，邵菊君得一梦：毛、杨、魏、蔡四令公嘱重建志棠红殿。次日午时，邵菊君在炒菜时，又听毛令公再次叮嘱勿忘建殿一事。此即志棠红殿重建之缘由。邵菊君时年逾五旬，家住志棠村。

当地传说，在很久以前，志棠红殿请来戏班子演戏，之后又来了一个戏班子。询问缘由，后来的戏班子说是有两位长得高大英俊的男子特地去请他们来的。村民遍查村坊，无此二人。进得殿内，乃恍然：请来此戏班子的是徐皇、后王。原来，徐皇、后王好热闹，喜欢与大众看戏，于是就特地请来一个戏班子。是年，志棠红殿出现两个戏班子同时演戏的盛况。

真龙祖殿

　　小南海镇箬塘村原有真龙祖殿，位于北面村口古樟树下，始建年代无考。据当地老人回忆，此殿规模甚大，为三间两搭厢，有天井，又有厨房及香客就餐食堂五间。民国时期，每年农历正月初十扛抬徐王至丁家祠堂供奉，正月廿时又扛抬回殿，此十天十夜进祠堂焚香叩拜者不绝。"土改"时期某丁姓地主居住于此，后房塌殿毁。现该处已建民宅，古樟犹在。

真龙祖殿

2008年箬塘、树蓬、塘下张三个村合并为新的箬塘村，箬塘自然村林菊英、姜招花等老人发起重建真龙祖殿，选址在原殿址之北约一公里处唐寺山下，故该殿又称唐寺山庙。唐寺山系小山包，为箬塘、树蓬、塘下张三个自然村所共有，前桥水由西而东流经山下。此真龙祖殿面积百余平方米，坐北朝南偏西，分两间，东头另有偏屋作厨房。供奉关公、地藏、观音等神、菩萨，徐王端坐轿中，左手掌部位为黄龙之首。殿建成后，次年农历正月，按往年习俗，四名壮汉抬徐王到箬塘水泥厂等企业及家家户户送福，敲锣打鼓，十分隆重热闹。每月农历初一、十五，尤其是九月十六，傅家、前江、鸿陆夏等周边村庄善男信女都纷纷赶来祈福，盛况可观。

当地传说，箬塘有丁氏女远嫁新加坡，多年未生育。真龙祖殿重建后，某年丁氏回娘家探亲，进殿虔诚焚香祷告。此后，该女怀孕，生一女，两年后又生一子。据说，到真龙祖殿求嗣，每有灵验。

徐王庙（团石村）

　　小南海镇团石村位于衢江西北岸，与县城隔衢江相望。徐王庙在北面村口，坐南朝北，五间泥墙瓦房，深约二丈，总长十六丈，东头一间为厨房，西头一间存放杂物；正屋两间相通无隔墙，财神、包公、汪皇公、徐王太子、毛令公五尊塑像由东而西依次排列，面南而坐；正屋之西相邻一间供文昌帝君，面北。

　　该徐王庙原在衢江岸边，始建年代无考。据年届九旬的汪雄祥老人回忆，原徐王庙坐北朝南，为三进两明堂。外进有十八罗汉等；中进徐王太子居中而坐，其左右分别为毛令公、汪皇公；后进供奉观世音、韦驮。庙东有偏屋供土地公公、土地婆婆。民国时期，此庙犹气势恢宏，香火极盛。20世纪60年代初"破四旧"，庙内塑像或烧，或砸，或扔进衢江，全部被毁。至20世纪90年代，庙被拆除，改建大礼堂，后又转卖给村民。

　　又据年逾八旬的汪义德等老人回忆，村中另有汪氏大厅，规模宏大，八根屋柱粗大，每根柱两人合抱都抱不过来。大厅朝南有正大门，另有二小门，东、西、北亦各有小门。正大门上方所挂匾额雕龙刻凤极为精美。每年农历正月十九，村民们即到徐王庙请出徐王太子、毛令公、汪皇公巡视村坊和田野，然后供奉在大厅，接着在大厅演三天三夜大戏，至正月廿一日将徐王太子等送回庙内。大厅于20世纪50年代"大跃进"时期被拆毁，木料、砖瓦等被用作建食堂。

　　复建缘由：2004年农历三月初四，尹双文等几个农妇搭乘渡船过衢江到衢江区高家镇一座庙里进香，归途中商议复建徐王庙。次日，尹双文等即在村中发起募捐，得到热烈响应。乡亲们少则三元，多则二十元，纷纷襄助兴建徐王庙，老人们更是将子女孝敬的零花钱全部捐出，仅一天就筹集了五千余元。初六，尹双文等兴冲冲赶往高家镇付钱请师傅雕塑神像，并选址在村北田畈边建庙。因资金缺乏，原拟建屋一间，在乡亲们强烈要求下建造了两间。这期间有十多名妇女继续外出到各村写缘。在建庙过程中，妇女们挑泥搬瓦，不辞辛劳，有些男人也热心出力帮助。两间房屋建成后，供奉徐王太子、毛令公、汪皇公三座神像。七年后，又扩建一间，供奉文昌帝君，并陆续供奉了包公、财神，还建起厨房、杂货间。

该庙所供奉徐王太子塑像为年轻公子模样，右手执扇，尹双文等人称其系徐王之子。

团石村以汪姓人口居多。汪姓先祖汪华起兵反隋，占据宣州、杭州、睦州、饶州、婺州，称吴王，后为免战火，归顺唐朝，受封越国公，后世汪氏族人尊其为神。该村徐王庙所供奉之汪皇公，当为汪华。

当地传说，毛令公为徐王助手，汪皇公则在徐王身边做大官，造福百姓有大功，与徐王俱成佛（神）。

又有传说，徐王太子居住在温州，系汪皇公亲家。某年，汪氏大厅演戏，徐王太子在看戏后因天降暴雨不能回温州，于是汪皇公盛情留宿款待。为此，徐王太子嫁女给汪皇公之子。

当地人说，每有小孩受惊吓，啼哭不止，其父母抱小孩进庙烧香许愿，即能止哭如常。

下翁畈小庙

下翁畈小庙位于小南海镇傅家畈村下翁畈自然村，坐北朝南偏西，面积七十余平方米，前有丛竹、柏树，后有低矮小山包名鼻头坞，小山包竹林及松树丛生。门前有小溪名前桥水由西而东绕过，越田畈约一百五十米处即龙丰（龙游县城至十里丰）公路。庙内徐王居中高坐，毛、杨二令公分列左右，徐王左手掌部位为黄龙之首。徐王之左为关公，之右为玉清、上清、太清道家"三清"。

下翁畈自然村有三十九户一百五十余人口，几乎全为王姓，仅一户陈姓、一户孙姓。据年近古稀的王沛洪称，该庙原名来龙圣庙，已有数百年历史，始建年代无考。"破四旧"时，庙内塑像被毁，庙屋被用作牛栏长达三十年，后房屋倒塌。2004年初，王沛洪等长者经商议发起重建此庙，得到热烈响应。下翁畈自然村人人捐钱，周边企业主以及兰溪等地老板也纷纷襄助，很快募得四万余元，此庙遂在原址建成，并于当年农历八月廿八日举行开光仪式。该庙专用广东佛山琉璃瓦盖顶，四周外墙底部有箍线，较为规整、庄严。

下翁畈自然村对面龙丰公路地段常发生交通事故，时有伤亡，下翁畈自然村年长者议及此情况，乃发起建庙，祈徐王护佑过往车辆、行人。此系该庙重建之缘由。

太子庙

太子庙位于小南海镇龙西村胡门自然村，坐北朝南。原庙始建于民国末年，有三间，东西二丈八尺，南北一丈八尺，毁于"文革"时期。2004年村民自发复建，或买砖块，或送木材，或做义工，亦多捐资者。现庙约六十平方米，徐皇太子居中面南端坐。

庙右前侧有古樟，粗需二人合抱，高逾三十米，其冠如盖，郁郁葱葱。

胡门原是荒芜地带。太平天国运动时，江西广丰有尤、刘、方、李四户避难迁居于胡门，建社公庙，供土地公公、土地婆婆。至民国后期，虽陆续有别处人口迁入，但仍只有三十余户。因一直人丁不旺，村民乃求高人指点迷津，被告知：徐皇太子歇在樟树上，遭受风吹雨淋日晒，当建庙供奉，可佑人丁兴旺。于是，村民另建小庙供奉土地公婆，将社公庙改作太子庙以供奉徐偃王，从县城城隍庙接请香烟。次年，胡门住户即产下九个男孩。村民随后编扎九节龙灯，于每年农历正月初九始至正月十八由龙灯扈从徐皇太子巡游村坊，而家有新生儿的村民都挑两大箩筐馒头摆在路口，分送给众乡亲：生男孩分给每人四个馒头，生女孩分给每人两个馒头，扛抬徐皇太子、龙灯者则得八个馒头。逢农历每月初一、十五，胡门居户及周边村坊群众争相进太子庙烧香跪拜，祈求风调雨顺、幸福吉祥。此在胡门成为风俗，太子庙复建后仍沿此俗。

据年逾八旬老者尤荣根称，早年遇旱，需抬徐皇太子求雨，且每求必灵，一路上徐皇太子所至之处必降甘霖。

胡门与横畈塘、安全、胡角门四个村于2008年合并为龙西村。

附：城隍庙

据民国《龙游县志》载，明初洪武二年（1369 年）始建城隍庙，同年诏封龙游城隍为显佑伯。嗣后，数经重修，规模愈大，清乾隆四十八年（1783 年），其东、西建有观音堂、药王庙、关帝祠等。该庙坐北朝南，至清光绪初年，为五开间四进：一进为戏台；二进东、西、南各有天井，护以石栏杆，居中供白面太子，即徐偃王；三进居中供城隍，东为观音，西为药王；四进为客堂、斋舍。

据年届八旬老者林兴祥回忆，他少时庙已破败，仅剩三进，占地逾亩；第一进、第三进无神、佛塑像，第二进徐皇居中而坐。另据民国《龙游县志》，光绪三十二年（1907 年），毓英初等小学堂设于庙中第四进，民国时设游艺园，后废城隍庙改为中山纪念厅，至 20 世纪 50 年代时为粮管所。

城隍庙原址在现县城太平东路距东阁桥约二百五十米处。

龙皇殿

龙皇殿位于沐尘畲族乡庆丰村路头自然村，坐北朝南，占地逾亩，建筑面积超百平方米。居中供奉徐王、龙王、财神，其右为送子观音、公主娘娘，其左为关帝。殿内柱上有对联"山色旖旎盛风光光耀千载，神恩浩荡兴社稷灵庇万民"等。

该殿所在位置名毛家里，原有关公殿一座，而在路头村庄内则另有

龙皇殿

徐王殿，在"文化大革命"等政治运动中两座殿皆被毁。原徐王庙坐西朝东，始建年代无考，当地村民称已有数百年历史；建筑面积三百多平方米，分前后二进，供奉徐王、龙王；有戏台、演员化妆室；殿之南北各有天井。此殿气势恢宏，气象庄严，一头在龙游路头，一头在遂昌白水，为两个村所共有，故有"一殿跨两县"之说。

2012年，邱美贞等发愿在原址重建徐王殿，并已动工，因原址位于村民居住密集区有消防安全等隐患而被当地政府制止。后改址在毛家里兴建，将徐王殿、关公殿合二为一，称龙皇殿。

据邱美贞说，新殿建成后，她在梦中见诸神、佛商议安排座位，议定由徐王居正位。诸神各就各位后，以新殿所在地原系关公殿而关公退居侧位之故，邱美贞又数度梦见关公哭泣，为免徐王、关公为殿名起争执，新殿乃取名为龙皇殿。

据说历史上徐王殿内所供奉之龙王极有灵验。龙王为泥塑，高不足二尺。逢大旱，将龙王塑像摆在天井暴晒至渗出油、水迹，与此同时村民成群结队去遂昌新路湾一个叫山井的地方求雨。求雨仪式毕，村民在返回途中即大雨滂沱。每每如此。

三世宝殿

　　三世宝殿位于小南海镇龙丰村吕家自然村东头，坐北朝南，面阔十二米，深约十六米，殿内无柱。竹林簇拥，殿前空旷。门前偏东南约十米处有古樟两棵，古樟树下建约两平方米土地庙，土地庙门两侧有对联：一曰"盘古开天地公来，万物生长地母在"，一曰"佑四季物阜清洁，保一方村民安康"。

三世宝殿

该殿供奉佛祖、观音、关帝、文昌、弥勒、韦陀、财神并吕神王（吕神王为该村庄吕氏先祖）。徐皇神祖端坐轿中，双手作莲花指状，其面前案上放一方用明黄色绸布包着的印章，印章刻"徐皇佛印"四字。

吕家自然村吕银芝、吕志和等老人回忆：三世宝殿原为八字门，有四进，一进有长条石板作桥直通二进，二进设戏台，三进供神、佛，四进供吕氏先祖香火，各进之间有天井，殿内木柱粗大，需二人合抱。一进通往二进的直桥专供神、佛进出之用，便是达官显贵也不得在上面行走。每年农历正月十一日起灯接香火，次日将徐皇神祖、吕神王请进吕氏祠堂，之后吕家村民进祠堂祭拜，至正月廿日抬送徐皇神祖、吕神王回殿。此在吕家自然村相沿成习。三世宝殿始建年代无考，毁于"文化大革命"，所在场地被改建为集体粮食仓库；20 世纪 80 年代实行农村联产承包责任制后仓库被废，遂成菜地。2009 年，吕银芝、吕志和等发起重建庙、殿，家家捐钱物，人人出功夫，先建土地庙，后建三世宝殿。新建三世宝殿在原址稍北移数米处，规模较原殿略有扩大。

吕家自然村有六百余人口，吕氏超半，另有杜、余等氏人口。

古时，吕家自然村某女婚后多年不孕。某日其夫外出做生意，该女夜间独眠时梦中有俊朗男子相伴，依稀辨识乃徐皇神祖。不久，此女怀孕，生育一子。此事在吕家自然村世代相传。

相公殿

　　横山镇下宅村有相公殿,位于群山环抱之中,坐西朝东,建筑面积百余平方米。分二进,前进供奉徐王,另有相公、文昌帝君、财神、五谷神、关公;后进供奉千手观音、自在观音、送子观音。徐王左手掌部位为黄龙之首,弥勒菩萨与之相对而坐。相公殿北侧有供奉地藏菩萨、土地小庙各一座。

　　该相公殿南面有小山,名凤凰山,山形酷似凤凰,凤凰之首朝向相公殿。该殿始建年代无考,殿前有水沟,架石板桥一座,名长生桥。据复建相公殿的陈树桥老人称,该殿有三百年历史。据称,长生桥石板桥

相公殿

面中长条形石块刻有"清"等字样，并刻有人名，按此相公殿清代即已存在。原殿为一座长约十米、面积约八十平方米的小殿，供奉相公。相公为何神，无考，塑像着官服戴官帽。20世纪50年代末，因多年失管，房屋为台风所毁，后在"文化大革命"期间更被夷为平地，村民用作扦插番薯、播种大豆。2003年，年届六旬的陈树桥动员乡亲让出相公殿原址地块，并发动乡民捐钱献木料、出力搬砖瓦，终于重建了相公殿。因历史上胡家有大公殿供奉徐王，新殿建成后将徐王供奉殿内。之后，在原有规模基础上扩建为二进，供奉观音等。

下宅村约两千人口，以徐、韩、吴、柳氏人口居多。

当地传说，某日胡家大公殿徐王巡游，夜宿后徐村某农妇家。该农妇偷偷将一根棉线缝在来人衣服上，以待辨识跟她同宿者为谁。次日一早，农妇进大公殿上香，见徐王身上还挂着棉线，乃知头天夜里确是徐王跟她同枕共眠。

附：大公殿（胡家）

相公殿之西约六百米处有一座山包，属后徐村胡家自然村。此山包上曾有大公殿，占地约一亩，建筑精致豪华，气势宏大，始建年代无考。供奉徐王，塑像庄严雄伟，高接屋顶。

20世纪50年代初，殿内神像被毁，自此失管；20世纪50年代末房屋为台风损坏；"文化大革命"时则彻底被毁。现原址杂草丛生，一派荒芜。原有大柏树一棵，树干粗需二三人合抱，后被砍伐用于"大办钢铁"。

灵祥庙

　　建于小南海镇泽潭村吕塘自然村之南蛇茔山（又称尖头山），此系一座低矮的小山包。坐北朝南，面阔五米，深三米半，分三间。中一间供奉二郎神五兄弟，土地公婆分立两边；东一间供奉徐王和阿弥陀佛、观世音菩萨、大势至菩萨西方三圣；西一间供奉如来佛祖和观音菩萨。

　　2004年，经过吕塘村庄的杭新景高速公路投入建设，吕塘年逾六旬的石匠王定坤组建施工队参与其中。三年后公路竣工，王定坤出资六万元，并募资四万余元，择日率施工队搬砂运砖动工建庙，之后专从常山选购石料竖立功德碑。

　　吕塘有四百余人口，王姓人口居三分之二，另有杨、陈等氏居民。

　　吕塘原有一座泥墙小庙，名三角殿，始建年代无考，供奉杨戬五兄弟并土地公婆，塑像一尺多高，毁于"文化大革命"。四十多年前，王定坤突发精神疾病，其岳母乃到三角殿原址叩拜祷告：保佑女婿病愈，日后如有条件即重建庙宇供奉。

　　村民说，徐王是位皇帝，爱护百姓，因被坏人所害而冤死。百姓爱戴他、尊敬他，所以塑像供奉。

　　当地传说，20世纪40年代初期，有一回一队骑着高头大马的日本兵企图进犯吕塘，可到村口就不能再往前一步。原来，三角殿前有一道引水渠，水渠上架着石板桥。日本兵刚到村口，顿时阴云密布，阴风恻恻。他们骑着马要过桥，那马嘶鸣着前蹄腾空，死活不肯上桥，两条马腿还淅淅沥沥滴下鲜血来；用鞭子抽打，那马左右腾跳，有的日本兵竟被掀下马背跌伤了。于是，日本兵只得乖乖由原路返回。当地乡亲说，一旦日本鬼子的马踏上石板桥，端坐在三角殿的二郎神额上的第三只眼就会射出一道金光直刺马眼，哮天犬也如闪电般冲过石板桥撕咬马脚。因为有二郎神护佑，吕塘从未遭到日本鬼子骚扰、洗劫。迄今吕塘还流传一句民谣："不怕日本佬凶恶，就是进不了吕塘角（角，当地方言音为格）"。吕塘也称作"吕塘角"。

迴源殿

横山镇天池村曾有迴源殿，位于新泽自然村西头一座小山上，坐北朝南，建筑面积约四百平方米，供奉有百多尊神、佛，始建年代无考。据年届古稀的王文成回忆，他小时候每年农历正月里村坊很热闹，新泽有婺剧剧团演大戏，由十多人组成的坐唱班则在殿里吹拉弹唱；青壮汉子抬着徐皇大帝、毛令公等雕像巡视地方，回殿时个个挤挤挨挨抢登石阶，争先将自己所抬神、佛安放殿内。据已年逾八旬的张金娇老人介绍，迴源殿为村坊有钱人家所建，她老伴季文根的祖上曾受雇守护，东家财主支付稻米作为薪酬。迴源殿毁于"文化大革命"时期，原址被改作民居，而"迴源殿"则成为该原址地名。

张金娇老人一直居住在迴源殿原址，老伴亡故多年，五个儿子都已成家。早年村里曾动员迁居，但为季文根所拒。张金娇说，老伴不肯离开迴源殿，坚持要如祖上一样供奉徐皇大帝。迴源殿在"文化大革命"期间被毁后，季文根、张金娇二人又重塑徐皇大帝等像供奉在家里，每被发现后遭毁，如是者三。现在所供奉徐皇大帝等像于十五年前重塑，坐北朝南的泥墙瓦房被分作两部分，前部分为张金娇老人生活用房，后面则供奉徐皇大帝、观音、文昌帝君、关公等。徐皇大帝居中端坐，左手掌部位系青龙之首，毛令公位于左侧，杨、魏二令公在右侧，蔡令公塑像尚缺。设香炉。

天池村为 2008 年由新泽、下店、杨家、儒大门四个村合并而成，约两千八百人口，以王、杨氏为多，其中王氏人口有三分之一多。

家供圣祖

　　塔石镇泽随村是个有三千余人口的古村落，其中徐氏族人占三分之二有余。据该村民国丁亥年（1947年）重修的《徐氏宗谱》载：元朝成宗（1294年—1307年在位）年间，徐文宁由现今的衢江区峡川镇后山村迁居泽随，而后其夫妇合葬下庵山（即今上南山一带）。明洪武二十年（1837年）始，徐氏族人齐心协力，历四年在合葬墓之左建余庆庵，

家供圣祖

当地人也称"冕园殿"（音），为徐氏家庙，供偃王、文宁夫妇以及土地、五谷神。此家庙规模宏大，有三进两明堂，另有厨房、客室。太平天国时，余庆庵毁于战火。岁月沧桑，而后该庙又几经损坏几经修复，在"文化大革命"时期被彻底拆毁。据当地村民回忆，20世纪70年代末期，还有人搬取余庆庵残存砖块等建筑材料于泽随集镇建造房屋用。

2010年始，历三年，泽随村群众在村南约500米处的凤凰山复建了大殿（该殿亦毁于"文化大革命"时期，其前身为里坞寺，为当地颇具影响之佛教场所），供阿弥陀佛、弥勒佛等，其间泽随村村民徐怀请塑佛像师傅塑了尊高五十公分的偃王圣像，供奉在自己家里。农历每月初一、十五，徐怀夫妇都在偃王前焚香叩拜。徐怀年逾六旬，在小时候就听爷爷说过徐偃王，并一直牢记在心。

诗文选录

（未署名则为本书作者所撰）

历朝历代，多有缅怀、颂扬徐偃王的诗文。

为宣扬偃王仁德，弘扬偃王文化，不避言轻之嫌鼓与呼。

管子·四称

汉·刘向

　　桓公问于管子曰："寡人幼弱惛愚，不通诸侯四邻之义，仲父不当尽语我昔者有道之君乎？吾亦鉴焉。"管子对曰："夷吾之所能与所不能，尽在君所矣，君胡有辱令？"桓公又问曰："仲父，寡人幼弱惛愚，不通四邻诸侯之义，仲父不当尽告我昔者有道之君乎？吾亦鉴焉。"管子对曰："夷吾闻之于徐伯曰，昔者有道之君，敬其山川、宗庙、社稷，及至先故之大臣，收聚以忠而大富之。固其武臣，宜用其力。圣人在前，贞廉在侧，竟称于义，上下皆饰。形正明察，四时不贷，民亦不忧，五谷蕃殖。外内均和，诸侯臣伏，国家安宁，不用兵革。受其币帛，以怀其德；昭受其令，以为法式。此亦可谓昔者有道之君也。"桓公曰："善哉！"

　　桓公曰："仲父既已语我昔者有道之君矣，不当尽语我昔者无道之君乎？吾亦鉴焉。"管子对曰："今若君之美好而宣通也，既官职美道，又何以闻恶为？"桓公曰："是何言邪？以缋缁缘缁，吾何以知其美也？以素缘素，吾何以知其善也？仲父已语我其善，而不语我其恶，吾岂知善之为善也？"管子对曰："夷吾闻之徐伯曰，昔者无道之君，大其宫室，高其台榭，良臣不使，谗贼是舍。有家不治，借人为图，政令不善，墨墨若夜。辟若野兽，无所朝处，不修天道，不鉴四方，有家不治，辟若生狂，众所怨诅，希不灭亡。进其谀优，繁其钟鼓，流于博塞，戏其工瞽，诛其良臣，敖其妇女，撩猎毕弋，暴遇诸父，驰骋无度，戏乐笑语。式政既轹，刑罚则烈。内削其民，以为攻伐，辟犹漏釜，岂能无竭。此亦可谓昔者无道之君矣。"桓公曰："善哉！"

桓公曰："仲父既已语我昔者有道之君与昔者无道之君矣，仲父不当尽语我昔者有道之臣乎？吾亦鉴焉。"管子对曰："夷吾闻之于徐伯曰，昔者有道之臣，委质为臣，不宾事左右；君知则仕，不知则已。若有事，必图国家，遍其发挥。循其祖德，辩其顺逆，推育贤人，谗慝不作。事君有义，使下有礼，贵贱相亲，若兄若弟，忠于国家，上下得体。居处则思义，语言则谋谟，动作则事，居国则富，处军则克，临难据事，虽死不悔。近君为拂，远君为辅，义以与交，廉以与处。临官则治，酒食则慈，不谤其君，不毁其辞。君若有过，进谏不疑；君若有忧，则臣服之。此亦可谓昔者有道之臣矣。"桓公曰："善哉！"

桓公曰："仲父既以语我昔者有道之臣矣，不当尽语我昔者无道之臣乎？吾亦鉴焉。"管子对曰："夷吾闻之于徐伯曰，昔者无道之臣，委质为臣，宾事左右；执说以进，不蕲亡己；遂进不退，假宠鬻贵。尊其货贿，卑其爵位；进曰辅之，退曰不可，以败其君，皆曰非我。不仁群处，以攻贤者，见贤若货，见贱若过。贪于货贿，竟于酒食，不与善人，唯其所事。倨傲不恭，不友善士，谗贼与斗，不弥人争，唯趣人诏。湛湎于酒，行义不从。不修先故，变易国常，擅创为令，迷或其君，生夺之政，保贵宠矜。迁损善士，捕援货人，入则乘等，出则党骈，货贿相入，酒食相亲，俱乱其君，君若有过，各奉其身。此亦谓昔者无道之臣。"桓公曰："善哉！"

衢州徐偃王庙碑

唐·韩愈

　　徐与秦俱出柏翳，为嬴姓，国于夏殷周世，咸有大功。秦处西偏，专用武胜；遭世衰，无明天子，遂虎吞诸国（注：国或作侯）为雄。诸国既皆入秦为臣属，秦无所取利，上下相贼害，卒偾其国而沉其宗。徐处得地中，文德为治。及偃王诞当国，益除去刑争末事，凡所以君国子民待四方，一出于仁义。当此之时，周天子穆王无道，意不在天下，好道士说，得八龙（注：龙或作骏）骑之西游，同王母宴于瑶池之上，歌讴忘归。四方诸侯之争辩者，无所质正，咸宾祭于徐，赟玉帛死生之物于徐之庭者，三十六国，得朱弓（注：朱弓或作象犀）赤矢之瑞。穆王闻之，恐遂称受命，命造父御，长驱而归，与楚连谋伐徐。徐不忍斗其民，北走彭城武原山下，百姓随而从之万有余家。偃王死，民号其山为徐山，凿石为室，以祠偃王。偃王虽走死失国，民戴其嗣，为君如初。驹王、章禹祖孙相望；自秦至今（注：秦或作奉），名公巨人继迹史（注：史或作文）书。徐氏十望，其九皆本于偃王，而秦后迄兹无闻家。天于柏翳之绪，非偏有厚薄，施仁与暴之报，自然异也。

　　衢州，故会稽太末也，民多姓徐氏，支县龙丘有偃王遗庙。或曰：偃王之逃战，不之彭城，之越城之隅，弃玉几研于会稽之水。或曰：徐子章禹，既执于吴，徐之公（注：公或作宗）族子弟散之徐、扬二州间，即其居立先王庙云。

　　开元初，徐姓二人相属为刺史，帅其部之同姓，改作庙屋，载事于碑。后九十年，当元和九年，而徐氏放复为刺史。放，字达夫，前碑所谓今户部侍郎，其大父也。春行视农，至于龙丘，有事于庙，思惟本原，曰：故制粗（注：粗或作桷）朴下窄，不足以揭虔妥灵，而又梁桷赤白，陊剥不治；图像之威，黕昧就灭；藩拔级夷，庭木秃缺（注：缺或作枪）。祈甿日慢，祥庆弗下；州之群支（群支或作支郡，或作群吏），不获荫庥。余惟遗绍，而尸其上，不即不图，以有资聚，罚其可辞！乃命因故为新，众工齐事，惟月若日，工告讫功。大祠于庙，宗卿（注：卿或作御、乡）咸序应。是岁，州无怪风剧雨，民不夭厉，谷果完实。民皆曰：耿耿祉哉（注：或作祉哉祉哉），其不可诬！乃相与请辞京师，归而镵之于石。

辞曰：秦杰以颠，徐由逊（注：逊或作邈）绵。秦鬼久饥，徐有庙存。婉婉偃王，惟道之耽。以国易仁，为笑于顽。自初擅命，其实几姓。历短詈（注：詈或作言）长，有不偿亡。课其利害，孰与（注：与或作尝）王当。姑蔑之墟，太末之里。谁思王恩，立庙以祀。王之闻孙，世世多有。唯临兹邦，庙土实守。坚、峤之后，达夫廓之。王殁万年，如始祔时。王孙多孝，世奉王庙。达夫之来，先慎诏教。尽惠庙民，不主于神。维是达夫，知孝之元。太末之里，姑蔑之城。庙事时修，仁孝振声。宜宠其人，以及后生。嗟嗟维王，虽古（注：古或作死）谁亢。王死于仁，彼以暴（注：暴或作常）丧。文追作诔，刻示茫茫。

徐偃王传略

宋·袁甫

　　偃王庙在县南十四里（注：有误，应为四十里）灵山，本名徐山。昔徐之宫人娠而生卵，谓其不详，弃之水滨。其母（注：疑有误）以为异，覆暖之，闻有小儿声，剖开则见，形容端正，喉音和雅，其左手握拳不开，至七岁才始开，掌中有纹，宛然"偃王"二字，故号"偃王"，至十七岁，才艺过人，诗礼并足，二十有功于国。时周穆王恐其遂得天下，使楚伐之。偃王不忍战其民，而去之越城之隅，投玉几研于会稽之水，故子孙有家于此者也，为之立庙而祠焉。详见唐韩文公记云。郡与五邑，凡有水旱兵火、疫痢蝗虫，祷之必应，世谓王惟福民，未尝有所遗祸，盖犹生云。有从神茅、蔡、杨、魏四将军，盖当时诸侯之从其奔者。又谓王尝筑室于竹溪之源，即此山也，宋初赐庙额，有致和（注：应为宋徽宗政和年间）四年（1114年），徐邦虑记，后封"灵惠王"。至绍兴（注：宋高宗年号）十五年（1145年），守林待聘，重建其庙。乾道（注：宋孝宗年号，公元1165年至公元1173年）七年，施元之复，鸠众力鼎新之，有徽学徐嘉记。淳熙（注：宋孝宗年号）十六年（1189年），谢原明录其功以奏，加"英济"，遂极封爵之最，且赐茅将军号"灵助王"、蔡将军号"协应王"、杨将军号"辅顺王"、魏将军号"翊卫王"。别庙在龙游者凡五十余所，惟东华山为最，本在鸡鸣山，元符（注：宋哲宗年号）己卯年（1099年），县令宗泽字汝林建之。宣和（注：宋徽宗年号）庚子年（1120年），留题在州西净池，北即灵山徐偃王庙也，有至今响答无爽。

（录自溪东《徐氏宗谱》草谱）

《徐偃王志》序

清·朱绪曾

　　不行仁义而国灭者有矣，未有行仁义而灭者也。仁义之效，大者以王，小者以霸；行之一身，施之以国，天下归之，万世赖之。古称偃王仁义亡国，是大不然。偃王避楚之锋，不忍斗其民，其后嗣守土不绝，迄今数千年。芈姓无闻，徐氏繁衍，偃王之庙俎豆佽佽，无他，仁义之泽长也。八骏之说，影附《穆天子传》。然所谓驰驱千里，入于崇周，独无伐徐事。谯周疑之，是矣。虽然，徐不叛周，而偃王有大功于周，楚攻徐以弱周，而徐奉周以抗楚。南征胶舟，昭王不复。穆满锡命徐伯，俾扼汉东之吭，西巡万里，楚将逞焉。三十六国服徐仁义，彤弓赤矢如凛天威。穆王归丰镐，偃王因楚之师去之海上。荆人入徐，天子赫怒，乃命毛伯挞伐蛮荆，以徐我周之藩辅也。偃王殁，而徐戴周之心愈坚。春秋时，徐以女妻齐桓公，是为夫人徐嬴；为之取舒，以通伐楚之道；又与之伐厉、伐英氏，助桓之霸，以尊周室。管夷吾述徐伯之言以告桓公，有曰内和外均，诸侯臣服；受其币帛以怀其德，即偃王仁义之训也。葵丘五命，不外斯旨。谁谓仁义以亡国哉！宋襄战泓伤股，为天下笑。偃王其始也，有桓文之勋；其终也，有共和之让，唯知有仁义而已。鄞孝廉徐君柳泉作《偃王志》，备述祖德，刊正史缪。余敬而服之，更为引伸其说，以警人之贼仁义者，明仁义无不可为也。

时道光戊申十二月

题偃王庙诗

题偃王庙

南北朝·许谦

惠应灵祠肇在周，
孚民盛德播皇州。
威名显著祈求应，
庙食灵山万万秋。

题偃王庙

宋·赵抃

庙食春秋著化工，
孚民仁惠本无穷。
灵山一片云边雨，
每为熙朝作岁丰。

偃王庙

宋·刘章

枌榆青荫密，不记几周星。
造化留神迹，山川妥地陵。
一时捐玉几，千古享形庭。
仁义终难泯，丹心昭汗青。

谒偃王庙

宋·汪澡

石马金舆识故宫，断碑磨灭覆杉松。
谁怜邻国干戈地，空有涂山玉帛从。
芳草满庭留晚色，断云连野敛春容。
中原逐鹿归狙诈，此意悠悠委暮钟。

徐偃王庙

宋·刘克庆

仁暴由来各异施，秦徐至今谁雌雄。
君看骊山今无墓，得以灵山尚有祠。

龙游徐偃王庙

清·宫鸿历

拘儒谈往事，百鸟同一喙。
尽信则无书，故牒何足究。
穆满方耄荒，四海茕在疚。
累囚盈犴狴，飞龙跃天厩。
当时徐偃王，坎阱引手救。
诸侯尽东来，玉帛已辐辏。
德化亦既阐，大业偶不就。
后儒肆刻论，竟遗万年臭。
昔人更有说，要足订差谬。
殷扈以义亡，徐偃以仁覆。
此论吾所凭，名实正相副。
周宣誓淮夷，自将耀戈胄。
当时岂乏材，不敢任指嗾。
可知徐方民，历久不忘旧。
功罪三古前，是非千秋后。
聃董异见闻，竹册有遗漏。
子长生未晚，文献有所授。
世家编田齐，犹有宰我陋。
何况今之人，毁誉迭相构。

姑蔑偃王庙

清·余坚

家近西湖日往还，歌声不断碧云间。
徐山印心斜晖好，一行垂柳半边天。
尘世沧桑恨不穷，朝看泊鲤暮沙虫。
偃王姑蔑留祠庙，徐氏后裔仁德行。

谒偃王庙

佚名

姑蔑之墟太末里，偃王立庙垂千纪。
当时逃战越城隅，玉几曾投会稽水。
灵山杳杳白云飞，古木苍苍翠烟起。
仁义从来庆绪长，州人太末为徐氏。

谒偃王庙

佚名

灵山之名何以名，莫是神洲移蓬瀛。
或言鹫岭飞来峰，群岩献秀长川平。
纷纷远方执董陆，矧子洗耳流水声。
温骊骏骈纵驰驱，重在仁义几砚轻。
祥风甘雨司元功，坐令四时品物亨。
统仰宇宙不可极，徐山千古苍云横。

珍惜龙游固有文旅资源
加快偃王文化建设步伐

在今年县人大、政协"两会"上，首次把建设"南徐文化"列入了《政府工作报告》，标志着建设"南徐文化"成了县政府的意志。对龙游来说，"南徐文化"是根植于民间的极为接地气的文化现象，也是颇具特色和生命力的区域性文化。县政府将"南徐文化"作为县域文化建设的一项重要内容，充分尊重了龙游民风民俗和民间信仰，可谓顺民心、得民意。花大气力精心把"南徐文化"建设好、经营好，也必将为龙游的文化旅游业增添一个极为亮丽、极富魅力的新品牌，从而促进龙游文旅产业乃至经济社会的发展，也有利于促进社会和谐稳定。

"南徐文化"根源于徐偃王文化，徐偃王文化是因徐偃王南迁事件而在龙游大地形成的一种文化现象。西周穆王时期，楚国攻打徐国，徐国国君偃王"不忍斗其民"，毅然弃国南迁。传说中随偃王来到龙游的徐国百姓有数万之众。徐氏一族在龙游大地扎根、开枝散叶，继而在漫长的历史长河中不断迁徙，在大江南北各地繁衍生息。据有关资料统计，目前浙赣闽皖、两湖两广、云贵川及境外东南亚等地区徐氏人口多达约三千万，并且都以龙游为发祥地，其中有众多人在各行各业颇有建树。徐偃王爱民如子，以仁治国、以仁易国，也博得后世民众的推崇景仰，历史上赞颂诗文不绝，研究徐偃王从来不乏其人。龙游灵山徐偃王庙始建于西汉，历朝历代至民国初期有个惯例：龙游各级大小官员在徐偃王诞辰日——农历正月廿日集体去灵山徐偃王庙朝拜祭祀徐偃王，汲取其亲民爱民、不顾个人荣辱而一心顾念百姓的仁义品格的精神力量源泉。而今，我们重视"南徐文化"建设，既是对历史优秀文化的承继，也是推进文旅产业发展繁荣的现实需要，而"南徐文化"建设必须重视徐偃王文化建设。

龙游建设徐偃王文化，必须消除一些认识上的误区，主要原因有二。

其一，徐偃王文化是家族文化。徐偃王文化的发掘、研究与规范化、规模化建设易被认为是徐氏家族的事，与徐氏之外的人们无关。事实上这个认识上的误区不独徐氏之外的人容易产生，徐氏族人也往往易将偃王文化作为本姓本族的"私产"。这个误区的存在，必然严重影响、阻碍徐偃王文化健康、快速发展。必须明确，徐偃王文化以仁义为核心，而仁义是传统美德。就龙游来说，供奉、祭祀徐偃王的庙宇到处存在，有很多建有徐偃王殿、庙的地方徐氏人口却并不多，甚至几乎没有徐氏人口，比如社阳乡大公、大街乡新槽和岭脚等。由此可见，徐偃王文化绝非徐氏一族的文化，而是中华民族的优秀传统文化，甚至可以说是全人类都应当尊奉的文化。我们可以用儒家文化现象来进一步解释这个问题：孔子创立的儒家文化思想不是孔氏一家一族的，不是孔氏族人的"私产"，而是一种传统文化，应当在全人类推广和弘扬。孔子学院目前在国际上比较有争议。有学者研究认为，儒学起源于徐偃王的"仁义"思想。据此，我们更有理由将徐偃王文化作为全民族文化、全人类文化大张旗鼓地进行建设和弘扬光大。

建设徐偃王文化必须打开大门，徐氏族人不能将此据为己有，而徐氏之外的人们也应当投入足够的热情参与徐偃王文化的开发、研究和建设，如此徐偃王文化才推得更广、走得更远、发挥更大的作用。

其二，徐偃王文化为龙游所独有。在打造文化越来越受到重视的当下，各地越来越重视历史文化的挖掘、整理，以此增加区域文化厚重感和"含金量"，于是普遍出现"抢历史"的现象，各地相互争抢历史人物、历史事件、历史典故等。由于徐偃王南迁事件距今已三千年，在漫长的历史长河中衍生了许许多多传说、传奇故事，偃王南迁的落脚点也就众说纷纭，莫衷一是。就浙江省来说，台州、温州、杭州、嘉兴各地都流传着徐偃王活动的故事，清代宁波人徐时栋编撰的《徐偃王志》更是有根有据地认定徐偃王南迁后就定居在舟山、宁波一带。而在福建、安徽、江西等省，同样流传着徐偃王活动遗迹故事。所有这些现象表明，我们不能认为徐偃王文化为龙游所独有并因此而"高枕无忧"，必须要有足够的危机感和加快徐偃王文化建设的紧迫感，如此才不致使徐偃王文化这一宝贵的文化资源流失而为他人所有，才不致贻误龙游，贻误龙游子孙后代。

如何加快龙游徐偃王文化的建设和打造？我认为应当主要从以下几方面着手。

亟须建立相应的研究机构。徐偃王信仰在龙游民间有着深厚的根基，可以依托民间力量，组织民间热心人士和文化人士建立"徐偃王文化研究会""徐偃王文化交流协会"之类机构，从事徐偃王文化的挖掘、开发、整理、研究，尤其要加强徐偃王传奇、传说、灵异故事及其活动遗迹的抢救性搜集、整理和研究，并汇编成册保存起来流传后世。经常性开展交流活动，在进行信息交流的同时深入探讨徐偃王文化，进一步活跃徐偃王文化研究氛围，加深徐偃王文化的影响力并扩大其影响面。

县有关部门特别是文化、旅游部门要专门组织力量设立相应机构，一方面对民间徐偃王文化交流研究活动加强指导，另一方面全面系统地开展徐偃王文化历史、现状的普查和研究。

加快徐偃王文化硬件设施建设，比如打造相关文化园区，集中展示研究成果；建造规模宏大的徐偃王庙宇以供人们朝拜和祭祀；还可建设配套的相关娱乐休闲场所及宾馆、酒楼等，让八方来客尽情游玩、住宿。目前龙游较有影响力的祭祀徐偃王场所有两处：社阳乡大公殿和溪口镇灵山徐偃王庙。此两处场地都相对狭小，相应设施也不配套，不足以满足人们的需要，更起不到留客功效。因此，建设徐偃王文化场馆设施已是迫在眉睫的大事，这也是加快徐偃王文化建设和打造的应有之义。

重视并着力打造徐偃王文化，对龙游县来说意义重大。我们必须形成共识、凝心聚力，以时不我待的紧迫感，加快徐偃王文化建设，这既是尊重先贤，尊重民众所必需的，也是弘扬"仁义"价值观所必需的，对繁荣龙游文化旅游产业，乃至促进龙游经济社会建设大业，同样有着不可估量的意义。资源弥足珍贵，时机可遇难求。我们必须以高度的责任感和强烈的使命感，紧紧抓住良好机遇，把徐偃王文化建设事业抓起来，抓出切切实实的成效，造福千秋万代。

2014 年 10 月

拜谒灵山徐偃王庙

2016 年 7 月 23 日，周六，约友一同拜谒灵山徐偃王庙。

此庙位于龙游县溪口镇灵山古镇之东一公里许的凤凰山上。山不高，山顶距地面不足两百米。上山的路原是石块铺就的台阶，或为顺应汽车时代，而今已改成水泥路面了，只在临近山顶处留有一段石阶，与水泥路面"殊途同归"到达山顶空阔地带，算是往日人们徒步上山的印记。近九时，我们到达山上，尚未见有他人。山顶平坦，西边山脚是两条公路，恰如两条玉带由北而南渐渐隐进深山。公路外则是田野，田野外便是鳞次栉比的房屋，那是灵山古镇了；古镇再往西，翠绿的山峦下环绕着一道山溪，隐约可见溪水波光粼粼的，这是被称作龙游"母亲河"的灵山江的一段。灵山江西岸有山，古时叫泊鲤山，西汉末因徐元泊迁居而改名徐山，而今又称灵山了。灵山、灵山江、古镇居民集聚带、田野，据说恰似一个巨大的"富"字。而凤凰山之东连绵的群山与云天相连，犹如一道翠屏。欣赏着壮丽秀美的风景，享受着清凉爽人的山风，不由感叹：徐偃王庙之所在真是绝胜之地！

庙门洞开着，徐偃王和毛令公等神像静默地守在庙里，显得安宁祥和而庄严。关于徐偃王，人们是不陌生的，在浙江各地和闽皖赣、两湖两广、云贵川及鲁苏地区乃至东南亚的民间建有众多的庙宇供奉。由于与龙游有着特殊的渊源，徐偃王在龙游大地更是有着广泛而深远的影响。

话说西周穆王时期，淮泗流域的徐国第三十二代国君偃王以仁义治国，赢得三十六国追随朝贡。楚国惧怕徐国强大，便派兵攻打。"不修武备"的徐偃王为免百姓遭屠戮，遂南迁至如今的龙游一带。自此，历朝历代的龙游人都供奉徐偃王、祭祀徐偃王。

现在管护灵山徐偃王庙的是一位年逾古稀的封姓大爷。正当我们在庙内心怀崇敬瞻仰徐偃王神像之时，封大爷来了。封大爷很热情地跟我们讲述了灵山徐偃王庙变迁史。

该庙始建于西汉末年，原位于灵山集镇之中，坐西朝东，在历史长河中经历了多次毁坏与重建。唐宪宗元和年间（806年—820年），衢州刺史徐放重修徐偃王庙，并请大文学家韩愈撰写徐偃王庙碑文。延至民国初期，该庙规模宏大，形制规整，徐偃王塑像高达四米；绘有大量壁画，壁画内容为徐偃王仁政以及皋陶、伯益、大禹的故事，还有历朝历代文人雅士称颂徐偃王的诗文；建有庆典、祭祀期间演戏戏台，可容六百人看戏；韩愈撰写碑文的大石碑原矗立于徐氏祠堂，至清乾隆年间建"景韩楼"，以保护韩愈碑，也作议事场所；建有"积谷仓"，储粮济穷；庙外建茶亭一座，为参与庙会活动的人们和过往行人供应茶水。历朝历代乃至民国，每年徐偃王诞辰农历正月廿日龙游大小官员都得集体前来朝拜、祭祀徐偃王，其时盛况自不待言。令人扼腕叹息的是，这座有着两千多年历史的经典古庙后来被毁，"文化大革命"期间改作"文艺俱乐部"用来放电影了。

也许是人们对于和平、对于仁德的向往和追求吧，1994年，灵山民众自发重建徐偃王庙，无论男女老少，人们有钱出钱，有力出力，有物捐物，一座建筑面积达数千平方米的徐偃王庙于次年底在凤凰山建成了。庙之东还建有大礼堂，用于善男信女们休憩和举行大型祭祀活动时演戏、会餐。自此，四面八方的人们纷纷前来祭拜徐偃王，长年络绎不绝。

下山途中，我沉思良久，然后对朋友说："仁爱的力量是永恒的，对于仁爱的向往和追求的力量是永恒而无穷的！"

美国学者来龙游"探访"徐偃王

2016 年 6 月 29 日至 30 日,美国康奈尔大学东亚研究中心主任罗斌(Robin McNeal)先生专程来到龙游县查访西周时期徐国国君徐偃王遗迹。这是罗斌先生第四次来到龙游开展徐偃王课题调研。"这是位谜一样的人物。"他认为,徐偃王在中国民间有着广泛而深刻的影响,挖掘、研究徐偃王文化有着非凡的意义。

罗斌先生专攻中国古代思想史及古文献学,会说一口纯正、流利的汉语。他在《韩非子》《史记》等古籍中看到有关徐偃王的种种记载,对这位为避战而南迁的诸侯国国君产生了浓厚兴趣,萌生以此为研究课题的想法。2010 年,罗斌先生首次来到传说中的徐偃王南迁之地龙游,谒殿庙,查史料家谱,访百姓。之后,他又先后两次来到龙游就徐偃王的故事、传说、遗迹等等进行调查、考证、收集。其间,罗斌先生还去过浙江省温岭、宁波、常山、江山和江苏省无锡、镇江、徐州等地考察。在调查过程中,罗斌先生发现各地有关徐偃王的传说各有差异,比如建德市一个名叫三江口的深山里曾有一座规模宏大的殿,供奉着徐偃王及其一妻一子和毛、杨、蔡、魏四位将军。当地百姓传说,徐偃王遭到周穆王追击,逃到建德后与妻、子及跟随的四大将军在深山坞里被逼自杀而亡。罗斌先生认为,百姓都认定自己所在地方是徐偃王南迁的落脚点,这很有意思,说明作为仁爱之君的徐偃王深得人心;而各地迄今仍有众多供奉、祭祀徐偃王的殿庙,也说明徐偃王广受百姓敬爱。罗斌先生认为,徐偃王南迁至龙游,应是最为可信的。

罗斌四次来龙游考察,县史志办主任黄国平都给予热情接待,共同探讨相关问题。此次黄国平陪同罗斌先生考察了沐尘畲族乡沐尘、社里、庆丰和社阳乡青塘坞、大公等村落供奉徐偃王的庙、殿，收集有关徐偃王的民间传说，并特地到社阳乡源头村借阅徐氏宗谱查找资料。此前，罗斌还去衢江区峡川镇后山村徐家自然村、高岭村等地考察。罗斌先生透露，他已着手把从各地调查、收集来的大量资料进行整理研究，拟撰写一部有关徐偃王的专著。

2016 年 6 月

仁爱的力量

——写于龙游县社阳乡大公村清明祭祖灯会

　　一道山溪穿越连绵群山由南而北潺潺流淌，山溪的两岸坐落着一座座古旧的民居。这是一个处于深山沟里的小小的村落。

　　于情于理，像这样一个地处极为偏僻的小山村是极易被忽略、被遗忘的，然而龙游县社阳乡大公村却深深印在了各地人们的脑海里，因为徐偃王，因为大公殿，因为清明节祭祖灯会。

　　大公村清明节灯会活动始于明末清初，迄今已有近四百年的历史。该村以朱氏人口居多，他们是南宋大理学家朱熹的后裔。理学亦即儒学，朱熹是宋代儒学之大集成者。大公村朱氏祭祖，何以祭祀徐偃王？因为徐偃王是仁爱之君，而仁爱是儒学的核心和灵魂，于是大公村的朱氏后裔们便与徐偃王有了不解之缘。徐偃王者，西周穆王时淮河流域徐国国君，素行仁义而国安民乐，并赢得三十六个诸侯国拥戴、朝贡。楚国忌惮徐国势力扩张，乃举兵伐徐，徐偃王为免百姓遭战乱之苦，"以国易仁"，率百姓弃国南迁而至现今的龙游一带。因避宋末战乱而隐居深山的朱氏后裔建殿以祭祀"天下为公"的徐偃王，殿名称"大公殿"，村名也为"大公"。在朱氏族人的倡导下，大公村池氏、杨氏等村民也都信奉徐偃王、礼敬徐偃王。

　　仁爱是普天下人的向往，仁爱是所有人应有的价值观，仁爱有着超越氏族和区域界线的力量。

　　笔者寓居龙游已三十余年，曾多次到过大公村，因为工作，更因为大公殿，因为徐偃王。然而，每每受条件所限，机缘不巧，从未如愿到大公村参加清明节祭祖灯会，一直心向往之。今年因曾担任县民协主席的县史志办主任黄国平先生召集组织，终于圆了这个久有的梦。

沿着蜿蜒的山道，约十时许车子到了大公村村口，我就听到了鼎沸的人声，遥望见村道和村民屋檐下高高悬挂的无数的红灯笼。下车步行进村，只见操着南腔北调的人们比肩继踵，大大小小红黄蓝白各种各色的车子占据了可以占据的所有地块，村道边卖食品、卖日常生活用品和生产工具等等，大大小小摊铺，一个挨着一个，地形狭小的大公村竟成了异常热闹繁华的都市。这一天，在大公村自然而然出现了一个盛大的庙会；与庙会形影不离的，便是戏剧演出。这一天是大公村的"狂欢节"，而这一切都缘于徐偃王。于是心潮澎湃了，感叹着人心向善，感叹着人们对徐偃王的虔诚和热捧，感叹着人们对和平安详的不懈追求，也感叹着人们对于仁爱的梦想。

走过横跨山溪的一座小桥，步入大公殿。大公殿二进三开间，雕梁画栋，古色古香，在深山村里显得格外宏大豪华而庄严神圣。大公殿里已供奉着一对对巨烛，男女老少挤挤挨挨却无喧哗之声，人们依次焚香跪拜如仪。一对年轻的夫妻点燃了香，让四岁的女儿捧着跪拜；不久后，这个四岁小女孩的爷爷奶奶也带着她焚香跪拜。这一家五口是从衢州城里特地赶来的，户主姓郑，爷爷奶奶、爸爸妈妈坚信徐偃王能保一家人平安，能保小女孩健康成长。

午饭后，大公殿前鞭炮、锣鼓声骤然响彻云霄，各处闲逛赏景的人们蜂拥而来。虽天气有些寒冷，而一个戴眼镜的白白净净的书生竟穿着短袖抢着鼓槌卖力地打着鼓。这后生是从杭州来的，经与打鼓的村民商量取得了打鼓权，他说他要为祭祀徐偃王出点力，对这位仁爱之君表心意。

下午约三时许，大公村家家户户的花灯出动了，纷纷向大公殿涌来。花灯有各式各样的人物灯、动物灯、植物灯，也有各种花篮、绣球、长生灯、如意灯等等。人物灯中有封神人物灯、三国人物灯、水浒人物灯，动物灯中有蝴蝶灯、狮子灯、凤凰灯、麒麟灯、孔雀灯、鲤鱼灯、兔灯、马灯、羊灯，植物灯有葵花灯、玉米灯、稻穗灯、白菜灯、牡丹灯。花灯花样繁多，令人目不暇接、眼花缭乱，真是美不胜收。祭祖仪式开始，在阵阵愈加热烈的鞭炮、锣鼓声过后，担任主祭、从祭、司仪的德高望重的长辈和十二名金童玉女各就各位，供奉祭品、诵读祭文、焚香、叩拜、敬酒，仪式规整而隆重。随着司仪的唱喝声，众人向徐偃王塑像一叩首、二叩首、三叩首，真心诚意，恭恭敬敬。嗣后，一条长四十米的青龙在殿里绕转三圈。

夜幕降临，在鞭炮、锣鼓声中，全副仪仗拥护、青龙和五颜六色花灯扈从，徐偃王出巡了。他走过了每条小巷小弄，巡视了每家每户，还巡查了田野。于是，人们看到黑夜里大公村域绝妙的风景，也深切体悟了徐偃王的拳拳爱民情怀。

遇一位儒雅长者，他注目凝神观看良久，不禁由衷赞叹：这么个地方，有这样的民间文化盛事，难得啊！老者是山东青岛文联陈主席。

至夜深九时过，乘车离开大公村时，徐偃王仍在巡视，而无数男女老少包括特地赶来祭拜的外地客也依然紧紧跟随。是什么力量使得人们乐此不疲？在微信朋友圈，我发出了这样的感慨：这是仁爱的力量，对仁爱追求的力量，这是徐偃王的力量！

这是一个无法抹去的民间文化：在龙游各地都建有徐偃王殿、庙，龙游人祖祖辈辈供奉徐偃王、祭祀徐偃王。其实不止如此，在衢州地区乃至更广阔的区域直至海外，千百年来徐偃王在人们的心目中如神如圣。仁爱的力量是坚不可摧、所向披靡的力量，是永恒的力量。痴迷于民间文化、对民间文化颇有研究的黄国平先生完整地参加了此次大公村清明节祭祖灯会活动，他认为大公村祭祀徐偃王活动如此郑重其事、如此豪华精致而且成了习惯，这在民间并不多见；大公村清明节祭祖灯会已成为省级"非遗"，还应当申报国家级非物质文化遗产保护，以使这一民间文化不断传承并光大。

2016 年 4 月

祭祀典礼

　　徐氏族人祭祀徐偃王，非徐氏族人也祭祀徐偃王，历史上龙游乃至衢州官员也都必须祭祀徐偃王。

徐偃王庙祭祖

《龙游祠祀志》有载：明朝嘉靖年间（1522年—1566年）灵山徐偃王庙遭毁坏，至隆庆六年（1572年）龙游知县涂杰重建，"其祀典，县官岁以正月二十日用特"。据此，以农历正月廿日为徐偃王诞辰的祭祀活动在明朝即有，且为每年惯例。据灵山当地居民回忆，是日，县官率领域内各级大小官吏进庙向徐偃王敬供祭品，仪式极为庄重，而当地民众也同时举行隆重的祭祀活动。延至民国，徐偃王庙被日寇焚毁，祭祀事乃寝。20世纪90年代徐偃王庙重建后，于2011年起恢复祭祀活动，参加祭祀者则为全国各地徐氏族人，是为祭祖。兹以2018年为例，对灵山徐偃王庙祭祖活动略作介绍。

2018年3月7日（戊戌年农历正月廿日），浙江各地及山东、广西、广东、福建、江西、江苏、安徽、湖南等各省徐氏族人代表七百余人汇聚灵山徐偃王庙，祭祀圣祖偃王。祭典仪程：

主持人宣布祭祀开始。

一，鸣金三遍（连敲钟三下为一遍），击鼓三通（连击三下为一通），奏乐三章（播放祭祀乐曲），鸣炮。

二，主祭、左陪祭、右陪祭就位，恭立庙门口香炉前。执事点燃大号香。

初上香（司仪唱。下同）：主祭从执事手中领香一支，祭拜天地。执事将香收回，插入香炉。

亚上香：左陪祭领香一支，祭拜天地。执事将香收回，插入香炉。

再上香：右陪祭领香一支，祭拜天地。执事将香收回，插入香炉。

三，主、陪祭缓步进庙，主祭向徐偃王敬献花篮。乐止。

四，执事侍奉主祭、陪祭盥洗、受巾，主祭、陪祭正冠、整衣、束带。主祭、陪祭就位，恭立圣像前，执事侍立两侧。

五，亮烛：执事点燃供台大号蜡烛。

六，燃香：执事点燃供台中号香。

七，敬香：主祭、陪祭面向圣祖像下跪。

初上香：主祭从执事手中领香一支，鞠躬三拜。执事将香收回，插入香炉。

亚上香：左陪祭领香一支，鞠躬三拜。执事将香收回，插入香炉。

再上香：右陪祭领香一支，鞠躬三拜。执事将香收回，插入香炉。

主祭、陪祭跪，一叩首，再叩首，三叩首。复位。

八，宣读祭文。

九，奠茗。执事在供台敬奉香茶一杯。主祭、陪祭跪，各领杯一只，执事倒茶其中。

一敬茶。

再敬茶。

三敬茶。复位。

十，奠爵。执事在供台敬奉美酒一杯。主祭、陪祭跪，各领杯一只，执事倒酒其中。

一敬爵。

再敬爵。

三敬爵。复位。

十一，献礼。奏乐。

初献礼：祈求风调雨顺，五谷丰登。执事举五谷交与主祭，主祭敬奉供台。

亚献礼：祈求子孙昌盛，万事如意。执事举果品交与主祭，主祭敬奉供台。

终献礼：祈求国泰民安，金瓯永固。执事举三牲交与主祭，主祭敬奉供台。乐止。

十二，主祭、陪祭跪。

一叩首。

再叩首。

三叩首。复位。主、陪祭退至两厢。

十三，各地代表依次正冠、整衣、束带，行敬香礼、进爵礼。

十四，奏乐。各代表队集体依次进庙行三鞠躬礼。乐止。

十五，辞神。

宣读碣词。恭送圣祖偃王。焚烧祭文、碣词。

十六，鸣炮，奏乐。

附：祭文

祭　文

维

公元二〇一八年农历戊戌岁孟春月中浣之十日吉旦，浙江省偃王文化研究会邀请社会各界代表及各地偃王后裔代表，谨以瓜果佳肴、茶酒香帛不腆之仪致祭于徐偃王尊神位前而祝曰：

伏以

岁序一元，泰开三阳，隆重集会，恭祭偃王。溯源追本，上古洪荒。东海徐氏，嬴姓发祥。一世若木，大夏封疆。

三十二世，传位偃王。广施德政，教化淳良。废除武备，致力农桑。疏河掘井，伐木垦荒。五谷丰登，国力日强。

民安国泰，和谐安祥。淳朴风尚，四境名扬。三十六国，朝贡拥戴。东夷结盟，拥戴为王。抗衡周朝，穆王恐慌。

命楚征伐，势似虎狼。腥风血雨，蔓延边疆。偃王怜悯，和平主张。不忍杀戮，弃国避狭。百姓难舍，相随浩荡。

子封彭城，社稷绵长。四十四传，仁义弘扬。千六百载，历史悠长。古朴民风，和谐礼让。徐国文化，华夏之光。

开启文明，汗简留芳。太末建庙，缅怀偃王。文豪作记，叙述周详。钟灵毓秀，龙丘名扬。裔孙繁衍，跨洲越洋。

今逢盛世，物阜民康，偃王文化，继承发扬。宗功铭记，祖德弘扬。一倡百应，公祭偃王。渊源追溯，仁义昭彰。

谨遵礼制，三献上香。偃王在上，来恪来尝。

唯冀

浩瀚东海，惠泽四方，祖宗垂荫，福泽绵长。发掘文化，继承风尚。明烟缭绕，俎豆馨香。振兴郡望，培育栋梁。

经天纬地，再铸辉煌。为国效力，为族增光。

伏惟

尚飨！

附：嘏词

王祖王妣命工祝。承致多福无疆。来汝孝子。来汝孝孙。使汝受禄于天。宜稼于田。弥寿万年。勿替引之。

大公殿清明节祭祖

　　社阳乡大公村自明末清初始，每隔一年举办一次灯会，日期为清明节。清明节前，家家户户编扎各式各样花灯，一户至少一盏，到灯会时各户争奇斗艳，美不胜收，极其热闹。此活动自20世纪50年代初期停办。1988年清明节，大公村恢复灯会。2004年，在龙游县文化部门倡议、帮助下，大公村清明节灯会与祭祀徐偃王活动结合，乃为清明节祭祖灯会。

2016年大公殿清明祭祖灯会仪规程序

　　推选村中德高望重者为主祭一人、从祭四人、执事二人、司仪一人，皆着缁色汉服，另有十二名童男、十二名童女为陪祭。

　　各类花灯、彩灯有序排放在大公殿内，徐偃王塑像前安放供桌。

　　司仪宣布大公村清明祭祖开始。

　　（烟花冲天，鞭炮震地，锣鼓齐鸣。全体人员恭敬肃立。二十四名金童玉女手捧祭品、蜡烛、香进入大殿，摆放大殿两旁指定位置。祭品有猪头、全鸡、全鸭、全羊、全鱼、全兔、蹄胖、馒头、水果、谷物等十大件。）

司仪宣读主持词：

盛世祭祖钟鼓响，光前裕后谱华章！

尊敬的各位领导、乡亲：

大家好!

时唯公元二〇一六年,岁在丙申,正值清明。龙游县社阳乡大公村村民和八方信众恭聚徐皇大公殿,举行祭祖灯会,以缅怀先祖功德。

物有报本之心,人有思祖之情。追怀先祖,教化后人,是我们举行祭祖活动的应有之义。在这庄严而隆重的时刻,让我们心怀虔诚,感谢大公无私的徐皇以他的仁爱与慈悲,护佑百姓万众。也让我们由衷地感谢大公村及各族长老为这次祭祖灯会活动所付出的辛劳,感谢衢州市民间文艺家协会的各位专家、学者、会员对社阳大公殿祭祖灯会活动的关心与支持!

下面请中共社阳乡党委书记吴水清先生讲话。

(吴水清讲话大意:慎终追远,追忆先人,是中华民族的传统美德。尊重传统文化,记住乡愁,我们才能够在这里举行隆重的祭祖灯会。弘扬徐偃王仁爱文化,我们不仅要倡导家族的和睦、乡民的团结、社会的大同,更要把我们宗族融入中华民族的大家庭中去,同呼吸,共命运,同心协力建设幸福家园。)

司仪:全体整理衣冠,恭敬肃立。

司仪:执事、主祭、从祭以次进殿,恭立案前。参加祭祀的全体人员按年长者在前、年幼者在后,长辈在左、晚辈在右,恭敬排列大殿两边。

司仪:执事官各司其事,主祭、从祭各就各位。

执事:就位。

司仪:吉时到,祭祖开始!鸣炮!

(大殿外放火铳、鞭炮,按年份最后字数为量放一组,年份最后数字为小数,则按十减该数字所得数燃放,比如二〇〇〇年燃放数为十。四人轮放。)

司仪:净手掸衣。

(主祭、从祭依次洗手,一执事为主祭、从祭递毛巾,另一执事为主祭、从祭掸衣。)

执事:礼成!

司仪:迎灵!

(执事燃烛,主祭、从祭迎灵,揭徐偃王塑像冠幕、匾额幕。)

司仪:礼成!

司仪：上贡品！

（金童玉女手捧贡品及香、烛、纸呈给执事，执事将贡品交与主祭、从祭，主祭、从祭恭敬如仪摆放在供桌上。）

司仪：礼成！

司仪：上香！

（执事持香、点香，主祭、从祭鞠躬接香。）

司仪：三叩首！

（主祭、从祭依口令三叩首毕，鞠躬上香，退回原位。）

司仪：礼成！

司仪：上酒！

（执事斟酒呈给主祭、从祭，主祭、从祭屈膝接过向徐偃王敬酒，敬过之后轻洒至供桌前。）

司仪：礼成！

司仪：一跪三叩首！

（主祭、从祭依口令一跪三叩首。）

司仪：平身！

（主祭、从祭起身肃立。）

司仪：献祝帛！

（执事双手托祭文呈给主祭。）

司仪：诵读祭文！

（主祭诵祭文。）

司仪：恭捧祝帛诣神位。

（执事呈祭文，由主祭焚烧。）

司仪：行鞠躬礼！

（全体人员依口令行三鞠躬礼毕）

司仪：平身！

司仪：洒偃王神露！

（执事捧二坛家酿呈给主祭，主祭用柏松、竹枝向人众扬洒。）

司仪：礼成！

司仪：按序跪拜先祖！

（第一排四至八人一跪三叩首，平身；第二排四至八人一跪三叩首，平身；第三排四至八人一跪三叩首，平身。按辈分年齿依次跪拜。）

司仪：礼成！

司仪：送灵！起灯！

（在执事指挥下，全体参祭人员分道列队两边，让轿阁、花灯、彩灯逆时针通过出殿大门。）

司仪致闭幕词：

各位领导、专家、乡亲，祭祖灯会把我们的心连在一起，祭祖灯会把我们的情系在一起，祭祖灯会把我们的精神凝聚在一起。血浓于水，情重于山。让我们携起手来，为建设物质富裕、精神富有的和谐社会而努力奋斗！

二〇一六年龙游社阳大公殿清明祭祖灯会活动仪式到此结束。鸣炮，奏乐！

（大殿外燃放烟花、鞭炮，鼓乐喧天。村民扛抬徐偃王巡游村坊、田野，天流星式火斗在前，双开锣、高脚牌鸣锣开道，灯笼陪护左右，青龙、狮子及各色花灯扈从。巡游的路线：从大公殿出发，沿大公溪向南至金钩、下桥头、苦株潭头，折向大公溪东，向北沿溪流至金堂口、桂花树底，到中桥折东到寮山坑、池家，过大公溪进入西岸，又向南回大公殿。）

附：祭文

维

公元二〇一六年四月五日清明节，岁次农历丙申。众信男信女谨致祭于徐偃王之灵前，曰：

乾坤浩荡，中华泱泱，仁义恩德，源远流长。

福地太末，万古偃王，以国易仁，千秋敬仰。

筑溪先居，瓜瓞灵山，子孙繁衍，螽斯盛昌。

根深叶茂，山高水长，福泽万代，忠孝名扬。

大公无私，义正流芳，亲睦四海，泽荫八方。

徐皇祖功，源本不忘，唐碑矗立，昌黎颂扬。

朱氏仰崇，世代荣光，叶氏子孙，赖以兴旺。

徐皇神灵，护佑安康，万众同心，亲族爱乡。

佳联成对，红烛辉煌，熙熙攘攘，瑞气满堂。
赫赫徐皇，高居殿堂，信众叩拜，俎豆蒸尝。
各方共聚，礼乐铿锵，老少齐聚，灯彩煌煌。
水流千里，思绪漫长，树高千寻，根深叶繁。
清明佳节，吉日同唱，昭穆同辉，福佑嗣长。

呜呼！伏也！
欣逢盛世，祠宇重光，有源则流，有根则旺。
追忆圣祖，千古流芳，血脉相通，福禄共长。
慎终追远，瑞盈华堂，家和兴旺，百业共创。
明礼诚信，终身毋忘，尊长爱幼，团结和善。
处世恭谦，处事明朗，磊磊落落，胸襟开放。
互助有为，事业兴旺，勤劳致富，家风垂芳。
徐皇仁慈，护佑如常，有仁有义，定获褒奖。
风调雨顺，物阜民安，生活小康，吾建华章。
愿徐皇之灵：
福麻普庇，四乡安宁，
万民无疾疫之虞，四时无水旱之患。
保佑吾邑，事业更兴，诗礼传家，福德更张。
敢籍馨香而达意，尚祈昭鉴于愚枕。敬布俚言，神其来格。

2018 年大公殿清明祭祖灯会仪规程序

第一项：开始
司仪：吉时到，祭祀开始！鸣炮！
（放火铳或鞭炮，按年份的最后字数为量，四人轮放。）
司仪：祭拜者依次进场列队，各就各位。
（依照执事、主祭、诵祭、从祭的顺序，在执事的引领下列于案前，中间留红地毯道，安保护礼队排列肃立两边。参加祭拜者按年长在前、年幼在后，长辈在左、晚辈在右顺序站立。）
司仪：执事官各司其事，主祭、从祭各就各位。

执事回答：就位。

司仪诵读祭祀开场词、开幕式词：

清明祭祖钟鼓响，光前裕后谱华章。

尊敬的各位领导、宗亲：

大家好！

唯公元二〇一八年，岁在戊戌，时值清明。浙江省衢州市龙游县社阳乡大公村村民、族人们，喜气洋洋，热热闹闹，恭集徐皇大公殿宇，共同举行清明节祭祖灯会，以祭祀功德先祖。

物有报本之心，人有思祖之情。追怀先祖，教化族人，是我们大公村所有人的共同心愿。在这庄严而隆重的时刻，我们首先要虔诚地感谢徐皇的大公无私，他以仁爱与慈悲，保护一方的人民，佑护着太末先民发挥卓越的智慧、高尚的品德，护佑着我们的民族繁荣兴旺！同时，我们由衷地感谢大公各自然村及各氏族的长老为这次祭祖灯会活动所付出的辛劳！也感谢衢州市旅委、龙游县文化馆偕各乡镇文化站的各位专家、学者、会员对我们社阳大公殿祭祖灯会活动的关心、关爱与支持。

下面请中共社阳乡党委副书记、乡长沈涵先生讲话！（略）

慎终追远，追忆先人，是中华民族的传统美德。时逢盛世、国泰民安，在以习近平同志为核心的中国共产党的领导下，各族人民齐心协力共同建设小康社会，倡导保护我们的传统文化，留住我们的乡愁。正值全国第十三届人民代表大会刚刚闭幕之际，我们在这里举行隆重的清明祭祖灯会仪式，传承我们清明岁令时节的农耕文化，弘扬徐偃王的"仁爱"精神。我们不仅要倡导家族的和睦、乡民的团结、社会的大同，更要把我们宗族融入中华民族的大家庭中去，同呼吸，共命运，建设新时代中国特色社会主义的幸福家园。

现在，请各位整理衣冠，恭敬肃立，恭候祭祖仪式正式开始。

司仪：大乐迎神

（东方起鼓三槩，大乐起。）

司仪：执事者依次上堂作三揖。

司引祭者、司香案者、司尊酒者上堂，一拜揖、二拜揖、三拜揖。

司羹馔者上堂，一拜揖、二拜揖、三拜揖。

司神露者上堂，一拜揖、二拜揖、三拜揖。

司盥洗者上堂，一拜揖、二拜揖、三拜揖。

司外事（司铳、炮）者上堂，一拜揖、二拜揖、三拜揖。

司安保护礼者上堂，一拜揖、二拜揖、三拜揖。

司仪上堂，一拜揖、二拜揖、三拜揖。

引祭执事唱：礼成！

第二项：祭祀

司仪：净手掸衣。

（主祭、从祭依次洗手，一执事奉洁水，另一执事递毛巾；执事为主祭、从祭掸衣。）

引祭执事唱：礼成！司仪：平身复位！

司仪：迎灵礼。大乐迎神。

执事燃烛，主祭迎灵，揭五谷神冠幕、匾额幕。

司引祭者执事唱：礼成！司仪：平身复位！

司仪：上香礼。

执事持香、点香，主祭、从祭下跪，由执事上香。司仪：初上香、亚上香、三上香。

司引祭者执事唱：礼成！司仪：平身复位！

司仪：三献礼。

司仪：预献礼！（大乐）

主、从祭俯伏：献毛血、献文帛、献茶食、献干果、献糕点。

司引祭者执事唱：礼成！

司仪：平身复位！

司仪：初献礼！（大乐）

主祭跪，叩首凡三，一叩首，再叩首，三叩首。

引祭者引主祭者诣神位前行初献礼。（奏细乐）

主、从祭跪，初献爵三只、箸三双、酒一壶，献海味，献山珍，献时果。

司仪：再进酒。（唱）一敬偃王仁爱、大德大义；二敬五谷神明，风调雨顺；三敬列祖列宗，保佑安康。

司酒者捧爵，主祭执酒壶斟满酒，然后将酒以"心"字状洒在地上。

司引祭者执事唱：礼成！

司仪：平身复位！

司仪：亚献礼！（大乐）

主祭跪，叩首凡三，一叩首，再叩首，三叩首。

引祭者引主祭者诣神位前行亚献礼。（奏细乐）

主从祭跪，亚献爵三只、箸三双、酒一壶，献德禽，献羹馔，献烙耳。

司仪：再进酒。（唱）一敬偃王仁爱、大德大义；二敬神农神明，风调雨顺；三敬列祖列宗，保佑安康。

司酒者捧爵，主祭执酒壶斟满酒，然后将酒以"心"字状洒在地上。

司引祭者执事唱：礼成！

司仪：平身复位！

司仪：三献礼！（大乐）

主祭跪，叩首凡三，一叩首，再叩首，三叩首。

引祭者引主祭者诣神位前行三献礼。（奏细乐）

主从祭跪，三献爵三只、箸三双、酒一壶，献寿星，献腐参，献汤，献精饭，献茗，献茶食。

司仪：再进酒。（唱）一敬偃王仁爱、大德大义；二敬神农神明，风调雨顺；三敬列祖列宗，保佑安康。

司酒者捧爵，主祭执酒壶斟满酒，然后将酒以"心"字状洒在地上。

司引祭者执事唱：礼成！

司仪：平身复位！

司仪：献祝帛礼。

执事托祭文呈上，主祭从祭俯伏。

诵祭诵读祝章（祭文）。

恭捧祝帛诣神位，执事呈祭文交主祭官焚烧文化财帛。

司仪：行鞠躬礼。

全体人员行一鞠躬，二鞠躬，三鞠躬。

司引祭者执事唱：礼成！

司仪：平身！

司仪：饮福受胙，洒偃王神露。

司神露者呈二小坛家酿用柏松竹枝向众人扬洒。

司引祭者执事唱：礼成！

司仪：按序跪拜先祖。（执事备好点燃的香，每排到位后分给祭拜者，拜完后由执事收回香插上香案。）

第一排族人（四至八人），一拜揖、二拜揖、三拜揖。

第二排族人（四至八人），一拜揖、二拜揖、三拜揖。（下同）

司引祭者执事唱：礼成！

司仪：送灵，起灯！

执事请族人分道列队，让轿阁、龙灯、花灯以逆时针通过。

第三项：结束

司仪读结束词：

各位领导、专家、族亲，祭祖灯会仪式把我们的心连在一起，祭祖灯会仪式把我们的情系在一起，祭祖灯会仪式把我们的精神凝聚在一起。血浓于水，情重于山。让我们携起手来，为振兴物质富裕、精神富有的大公村而努力奋斗！

二〇一八年清明龙游社阳大公殿祭祖灯会活动仪式到此结束。鸣炮！

附一：大公殿清明灯会祭文

维

二〇一八年四月五日，岁次农历戊戌年清明节之日，社阳乡大公村男女老幼谨具珍馐醴酒五谷瓜果致祭于徐偃王之灵，曰：

尧舜之世，天下汪洋。伯益助禹，治水救亡。其子若木，得国封疆。三十二世，嬴诞天降。继位徐君，是为偃王。施政以仁，万民安康。泽被邻国，广结友邦。百姓喜悦，道路歌唱。三十六国，纷至朝堂。荆楚无道，意下恐慌。举兵伐徐，以武逞强。偃王爱民，弃国南向。卜居越隅，避敌锋芒。仁心义行，儒学发祥。千秋万代，美德播扬。神灵赫赫，护佑一方。瓜瓞螽斯，子孙绵长。代有俊杰，青史标榜。为国为民，功勋煌煌。长枝易名，大公荣光；无分姓氏，承继弘扬。朱子后裔，虔诚崇尚。叶杨池张，膜拜景仰。人性向善，永世繁昌。欣逢盛世，家家穰穰。长辈无忧，老有所养。幼有所教，书声琅琅。人人奋发，有为图强。最美人物，时有表彰。恭谨礼让，渐次为常。追思圣君，功德浩荡。绵绵恩泽，世代不忘。值此清明，跪敬偃王：仁义之君，英灵来降，来格来尝，伏惟尚飨！

唯冀

神灵常在，庇护八方：风调雨顺，无灾无殃；万姓安乐，百业兴旺；诗书传家，儒风荡漾；创业创新，谱写华章。

附二：洒神露词

一洒神露，一帆风顺。

二洒神露，二龙腾飞。

三洒神露，三羊开泰。

四洒神露，四季平安。

五洒神露，五谷丰登。

六洒神露，六六大顺。

七洒神露，七匹马来。

八洒神露，八方珍宝。

九洒神露，九九同心。

十洒神露，十全十美。

附三：司职人员

司仪：朱南山

司引祭者：朱小良

司香案：朱小良　张雪生

司尊酒：朱小良　张雪生

司盥洗容所：张雪昌　赖根华

司羹馔：邱公貉　张爱娥　池金凤十二人（金童玉女）

主祭：朱光金（房头、领袖）

诵祭：池作和

从祭：蔡恒金　赖宝金　朱光南　朱小林四人（房头、长辈）

司神露：蔡恒福　池金有

司乐（大乐小乐六人）：邱公貉等

司外事（司炮、司铳）：吴文荣　金秀明

护礼生：刘益新　刘树铭　赖益新　池立权　赖树根（十二人）

司安保：张根富　姜林山　朱雪祥　徐金生　吴文达　杨永清

图书在版编目(CIP)数据

徐偃王与龙游 / 徐金渭著 . —杭州：浙江工商大学出版社，2020.12

（龙游文库 . 2019）

ISBN 978-7-5178-4212-5

Ⅰ . ①徐… Ⅱ . ①徐… Ⅲ . ①民间故事—作品集—龙游县 Ⅳ . ①I277.3

中国版本图书馆 CIP 数据核字（2020）第 259362 号

徐偃王与龙游
XUYANWANGYULONGYOU
徐金渭 著

责任编辑	沈明珠
封面设计	天　昊
责任印制	包建辉
出版发行	浙江工商大学出版社
	（杭州市教工路 198 号　邮政编码 310012）
	（E-mail:zjgsupress@163.com）
	（网址:http://www.zjgsupress.com）
	电话:0571-88904980,88831806(传真)
排　　版	杭州天昊文化艺术有限公司
印　　刷	浙江千叶印刷有限公司
开　　本	710mm×1000mm　1/16
印　　张	128
字　　数	1860 千
版 印 次	2020 年 12 月第 1 版　2020 年 12 月第 1 次印刷
书　　号	ISBN 978-7-5178-4212-5
定　　价	298.00 元（全九册）